Nome:

Professor:

Escola:

Eliana Almeida • Aninha Abreu

Vamos Trabalhar
INTEGRADO

- Língua Portuguesa
- Matemática
- História e Geografia
- Ciências

Editora do Brasil

Dados Internacionais de Catalogação na Publicação (CIP)
(Câmara Brasileira do Livro, SP, Brasil)

> Almeida, Eliana
>   Vamos trabalhar integrado / Eliana Almeida, Aninha Abreu. – 3. ed. – São Paulo: Editora do Brasil, 2017.
>
>   ISBN: 978-85-10-06587-0 (aluno)
>   ISBN: 978-85-10-06588-7 (mestre)
>
>   1. Ciências (Ensino fundamental) 2. Geografia (Ensino fundamental) 3. História (Ensino fundamental) 4. Língua portuguesa (Ensino fundamental) 5. Matemática (Ensino fundamental) I. Abreu, Aninha. II. Título.

17-05501   CDD-372.19

Índices para catálogo sistemático:
1. Ensino integrado: Livros-texto: Ensino fundamental 372.19

© Editora do Brasil S.A., 2017
Todos os direitos reservados

Direção-geral: Vicente Tortamano Avanso

Direção editorial: Cibele Mendes Curto Santos
Gerência editorial: Felipe Ramos Poletti
Supervisão editorial: Erika Caldin
Supervisão de arte, editoração e produção digital: Adelaide Carolina Cerutti
Supervisão de direitos autorais: Marilisa Bertolone Mendes
Supervisão de controle de processos editoriais: Marta Dias Portero
Supervisão de revisão: Dora Helena Feres
Consultoria de iconografia: Tempo Composto Col. de Dados Ltda.

Coordenação de edição: Carla Felix Lopes
Assistência editorial: Juliana Pavoni e Monika Kratzer
Auxílio editorial: Beatriz Villanueva
Coordenação de revisão: Otacilio Palareti
Copidesque: Gisélia Costa e Ricardo Liberal
Revisão: Alexandra Resende, Ana Carla Ximenes, Elaine Fares e Maria Alice Gonçalves
Coordenação de iconografia: Léo Burgos
Pesquisa iconográfica: Daniel Andrade, Douglas Cometti, Jaqueline Lima, Jonathan Santos, Léo Burgos e Priscila Ferraz
Coordenação de arte: Maria Aparecida Alves
Assistência de arte: Carla Del Matto
Design gráfico: Regiane Santana e Samira de Souza
Capa: Patrícia Lino
Imagem de capa: Rodrigo Alves
Ilustrações: Bruna Ishihara, DAE (Departamento de Arte e Editoração), Daniel Klein, Danilo Dourado, Hélio Senatore, José Wilson Magalhães, Márcio Castro, Marco Cortez e Marcos Machado
Coordenação de editoração eletrônica: Abdonildo José de Lima Santos
Editoração eletrônica: Adriana Tami, Armando F. Tomiyoshi e Wlamir Miasiro
Licenciamentos de textos: Cinthya Utiyama, Jennifer Xavier, Paula Harue Tozaki e Renata Garbellini
Controle de processos editoriais: Bruna Alves, Carlos Nunes, Gabriella Mesquita e Rafael Machado

O poema *O relógio* de autoria de Vinicius de Moraes foi autorizado pela VM EMPREENDIMENTOS ARTÍSTICOS E CULTURAIS LTDA., além de: © VM e © CIA. DAS LETRAS (EDITORA SCHWARCZ).

3ª edição / 10ª impressão, 2025
Impresso na Gráfica e Editora PifferPrint Ltda.

Editora do Brasil

Avenida das Nações Unidas, 12901
Torre Oeste, 20º andar
São Paulo, SP – CEP: 04578-910
Fone: +55 11 3226-0211
www.editoradobrasil.com.br

abdr
Respeite o direito autoral
ASSOCIAÇÃO BRASILEIRA DOS DIREITOS REPROGRÁFICOS

APRESENTAÇÃO

Querido aluno,
Este poema foi feito especialmente para você.

Aprender

É bom brincar, correr, pular e sonhar.
Agora chegou a hora de
ler, escrever e contar.
Com o livro *Vamos trabalhar*,
descobertas você fará.
E muito longe chegará.

Língua Portuguesa, Matemática,
História, Geografia e Ciências.
Tudo isso você estudará.
Contas, frases, poemas, histórias e textos.
Muitas coisas para falar, guardar e lembrar.

Um abraço e bom estudo!
As autoras

AS AUTORAS

Eliana Almeida

- Licenciada em Artes Práticas
- Psicopedagoga clínica e institucional
- Especialista em Fonoaudiologia (área de concentração em Linguagem)
- Pós-graduada em Metodologia do Ensino da Língua Portuguesa e Literatura Brasileira
- Psicanalista clínica e terapeuta holística
- *Master practitioner* em Programação Neurolinguística
- Aplicadora do Programa de Enriquecimento Instrumental do professor Reuven Feuerstein
- Educadora e consultora pedagógica na rede particular de ensino
- Autora de vários livros didáticos

Aninha Abreu

- Licenciada em Pedagogia
- Psicopedagoga clínica e institucional
- Especialista em Educação Infantil e Educação Especial
- Gestora de instituições educacionais do Ensino Fundamental e do Ensino Médio
- Educadora e consultora pedagógica na rede particular de ensino
- Autora de vários livros didáticos

A nossos alunos, nossa verdadeira escola.
Às nossas filhas, Juliana, Fabiana e Larissa.

As autoras

"Líder é um mercador de esperança."
Napoleão Bonaparte

SUMÁRIO

Língua Portuguesa

Nosso nome 10
Alfabeto 13
abelha 15
índio 17
escova 19
urubu 21
óculos 23
As vogais dão as mãos 25
Conhecendo o til (~) 27
papai 29
mamãe 32
vovó 35
dominó 38
neném 41
rato 44
sapo 47
tomate 50
bota 53
lua 56
cavalo 59
gato 62
jaca 65
fada 68
zebra 71
xale 74
hora 77

queijo 80
kiwi 83
cebola 87
gelatina 90
Ma**ri**a 93
ca**rr**o 96
gali**nh**a 99
a**n**jo 103
b**um**bo 107
a**qua**rela 111
coe**lh**o 114
ca**sa** 118
pá**ss**aro 121
girass**ol** 125
palha**ço** 128
p**ão** 131
ja**gua**tirica 135
caran**gue**jo 138
chave 142
fo**r**miga 145
esquilo 148
d**ez** 151
flor 154
criança 158
Os vários sons de X 162
    Revisando tudo o que
    foi estudado 166

Matemática

Distância 170
    Perto e longe 170
Posição 171
    Em cima, embaixo, dentro,
    fora, atrás, na frente 171
Quantidade 172
    Mais, menos, muito, pouco,
    nenhum 172
Tamanho 173
    Maior e menor 173
    Curto e comprido 174
Altura 175
    Alto e baixo 175
Espessura 176
    Largo e estreito 176
    Grosso e fino 177
Geometria 178
    Sólidos geométricos 178
    Figuras planas 188
    Número 1 191
    Número 2 192
    Número 3 194
    Número 4 196
    Número 5 197
    Número 6 199
    Número 7 200
    Número 8 201
    Número 9 202
    Número 0 204
Os números e seus vizinhos
(antes e depois) 205
Conjuntos 206
Ordem crescente e
ordem decrescente 208
Unidade 210
Dezena – número 10 212
Escrita dos números até 10 214
Dezena e meia dezena 216
Trabalhando com sinais 218
    Sinal de igual (=) e
sinal de diferente (≠) 218
    Sinal de menor que (<) e
sinal de maior que (>) 220
Sinal de união (U) 222
Sistema de numeração decimal
até o 20 224
Adição 227
Sistema de numeração decimal
até o 29 231
Números pares e
números ímpares 232
    Par 232
    Ímpar 234
Sistema de numeração decimal
até o 39 236
Números ordinais 237
Sistema de numeração decimal
até o 49 239
Problemas de adição 240
Sistema de numeração decimal
até o 59 243
Sequência numérica de 2 em 2 244
Dúzia e meia dúzia 245
Sistema de numeração decimal
até o 69 247
Números romanos de 1 até 5 249
Sistema de numeração decimal
até o 79 251
Subtração 252

Calculando subtrações 254
Sistema de numeração decimal até o 89 256
Sequência numérica de 5 em 5 257
Sistema de numeração decimal até o 99 259
Problemas de subtração 261
Centena – número 100 264
Números romanos até 10 265
Sequência numérica de 10 em 10 267
Unidades de medida 268
    Medida de capacidade 268
    Medida de comprimento 270
    Medida de massa 273
Números até 150 276
Os dias da semana 277
Medidas de tempo 279
    Horas e minutos 279
O calendário 281
Nosso dinheiro 283
    O real 283

História e Geografia

Identidade 286
Quem é você? 287
Família 288
    Parentes 290
Moradias 291
    Tipos de moradia 292
    Espaços de uma moradia 294

Escola 296
    Equipe que compõe a escola .. 298
Outras profissões 300
Trânsito 302
Comércio 304
Meios de transporte 306
    Meios de transporte terrestres 306
    Meios de transporte aquáticos 307
    Meios de transporte aéreos 308
Observando a paisagem 310
Meios de comunicação 312
Datas comemorativas 314
    Páscoa 314
    Dia Nacional do Livro Infantil ... 315
    Dia do Índio 316
    Dia do Trabalho 317
    Dia das Mães 318
    Dia Mundial do Meio Ambiente 321
    Festas Juninas 322
    Dia dos Pais 323
    Folclore 327
    Independência do Brasil 329
    Dia da Criança 330
    Dia da Bandeira 333
    Dia da Consciência Negra 334
    Natal 335

Ciências

Natureza 338
Seres vivos e elementos não vivos ... 339
Água 341
    Utilidades da água 342
Ar 344
Plantas 346
    Partes de uma planta 348
    Plantas de horta, pomar
    e jardim 350
    Plantas e suas utilidades 353
Animais 354
    Como os animais nascem 356
    Como pode ser o corpo
    dos animais 358
    Animais domesticados 361
    Animais silvestres 362
    Animais úteis 364
    Animais que podem
    nos prejudicar 366
    Mamíferos, aves, peixes,
    répteis e anfíbios 368
Astros 371
Variação do tempo 372
Estações do ano 374
Minerais 376
Corpo humano 378
    As partes de nosso corpo 378
Sentidos 380
Hábitos de higiene 383

Língua Portuguesa

Nosso nome

Vamos ouvir

Nome da gente

Por que é que eu me chamo isso
E não me chamo aquilo?
Por que é que o jacaré
Não se chama crocodilo? [...]

O nenê que vai nascer
vai chamar como o padrinho,
vai chamar como o vovô,
mas ninguém vai perguntar
o que pensa o coitadinho.[...]

Pedro Bandeira. *Cavalgando o arco-íris*. 3. ed. Ilustrações de Michio Yamashita. São Paulo: Moderna, 2010. p. 12. (Coleção Girassol).

Atividades

1. Escreva seu nome.

_____

2. Quantas letras tem seu nome?

_____

3. Escreva o nome de outras pessoas de sua família.

_____

_____

_____

Vamos cantar

Eu vi um sapo
Na beira do rio
De camisa verde
Tremendo de frio.

Não era sapo
Nem perereca,

Era _____,
[dizer o nome de um(a) amigo(a)].
De boca aberta.

Cantiga.

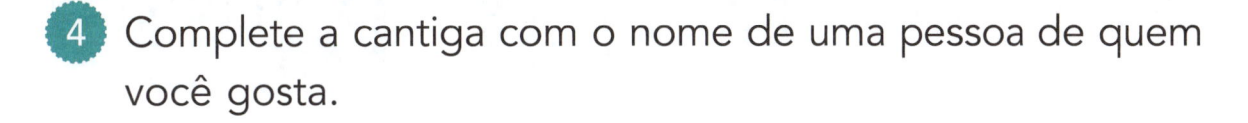

4 Complete a cantiga com o nome de uma pessoa de quem você gosta.

5 Desenhe as pessoas que fazem parte de sua família e escreva o nome de cada uma delas.

Língua Portuguesa

6 Circule os nomes que você conhece.

LACTA — Kraft Foods do Brasil

ESTRELA — Estrela

Garoto — Garoto

Windows 8 — Microsoft 2016

Toddy — 2016 PepsiCo Inc.

Gelatina Royal — Mondelēz Brasil Ltda

Nintendo — 2016 Nintendo

Nestlé — 2014, Nestlé Brasil Ltda

Danone — Danone

7 Ligue os nomes aos personagens corretos.

© Maurício de Sousa Editora Ltda.

MAGALI   CASCÃO   MÔNICA   CEBOLINHA

12 Língua Portuguesa

Alfabeto

Este é nosso alfabeto, o conjunto de letras que usamos para escrever.

Atividades

1 Com o lápis vermelho, pinte no alfabeto as letras de seu nome.

A	B	C	D	E	F
Aa	Bb	Cc	Dd	Ee	Ff
G	H	I	J	K	L
Gg	Hh	Ii	Jj	Kk	Ll
M	N	O	P	Q	R
Mm	Nn	Oo	Pp	Qq	Rr
S	T	U	V	W	X
Ss	Tt	Uu	Vv	Ww	Xx
Y	Z
Yy	Zz

2 Escreva seu nome e sobrenome.

Língua Portuguesa

3 Ligue as letras do alfabeto às palavras correspondentes.

S s
O o
N n
F f
P p
I i
H h
C c

Itaú — Itaú Unibanco S.A.
Colgate — 2016 Colgate-Palmolive Company
parmalat — Lactalis do Brasil
Sadia — Sadia
FIAT — Fiat 2016
OMO — Unilever 2016
Hering — Cia. Hering
NINHO — 2014, Nestlé Brasil Ltda.

14 **Língua Portuguesa**

abelha

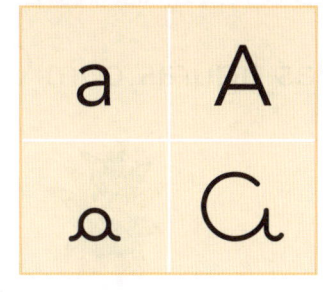

a	A
a	a

Vamos cantar

- Complete a letra da cantiga com a vogal **A** e cante-a.

A, A, A, minha abelhinha

A, _____, _____, minha abelhinha
Ai que bom seria se tu fosses minha.
Ai que bom seria se tu fosses minha.

João Plinta.

Atividades

1 Observe as vogais em destaque, cubra os tracejados e continue escrevendo.

a	a	a	a		
A	a	a	a		

2 Encontre a vogal **a** nas palavras a seguir e circule-a.

a) bola   b) apito   c) anel   d) árvore

Língua Portuguesa

3 Complete o nome das figuras com A, a.

a) ___ ve

c) b___ c___ xi

e) pip___

b) ___ n___

d) ___ vent___ l

f) g___ to

4 Circule na cantiga as palavras com **A**, **a**. Depois, pinte a imagem.

Alecrim

Alecrim, alecrim dourado
Que nasceu no campo
Sem ser semeado.

Foi meu amor
Que me disse assim
Que a flor do campo
É o alecrim.

Cantiga.

índio

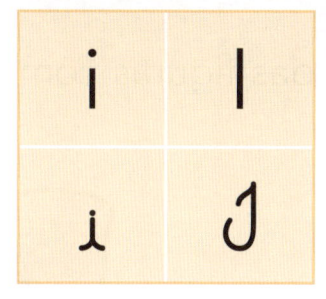

i	I
i	J

Vamos cantar

- Complete a letra da cantiga com a vogal **I** e cante-a.

I, I, I, índio já chegou

I, _____, _____, índio já chegou
E correndo pro bosque se mandou.
E correndo pro bosque se mandou.

João Plinta.

Atividades

1 Observe as vogais em destaque, cubra os tracejados e continue escrevendo.

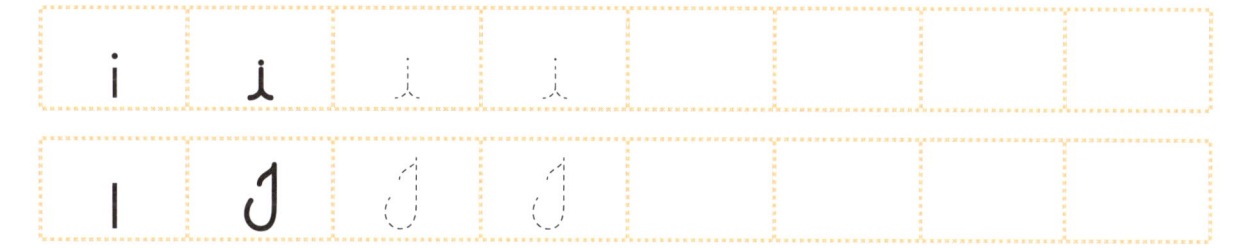

| i | i | i | i | | | | |
| I | J | J | J | | | | |

2 Ligue cada figura ao nome dela.

ÍNDIO

IGREJA

ILHA

Língua Portuguesa

3 Complete o nome das figuras com *I, i*.

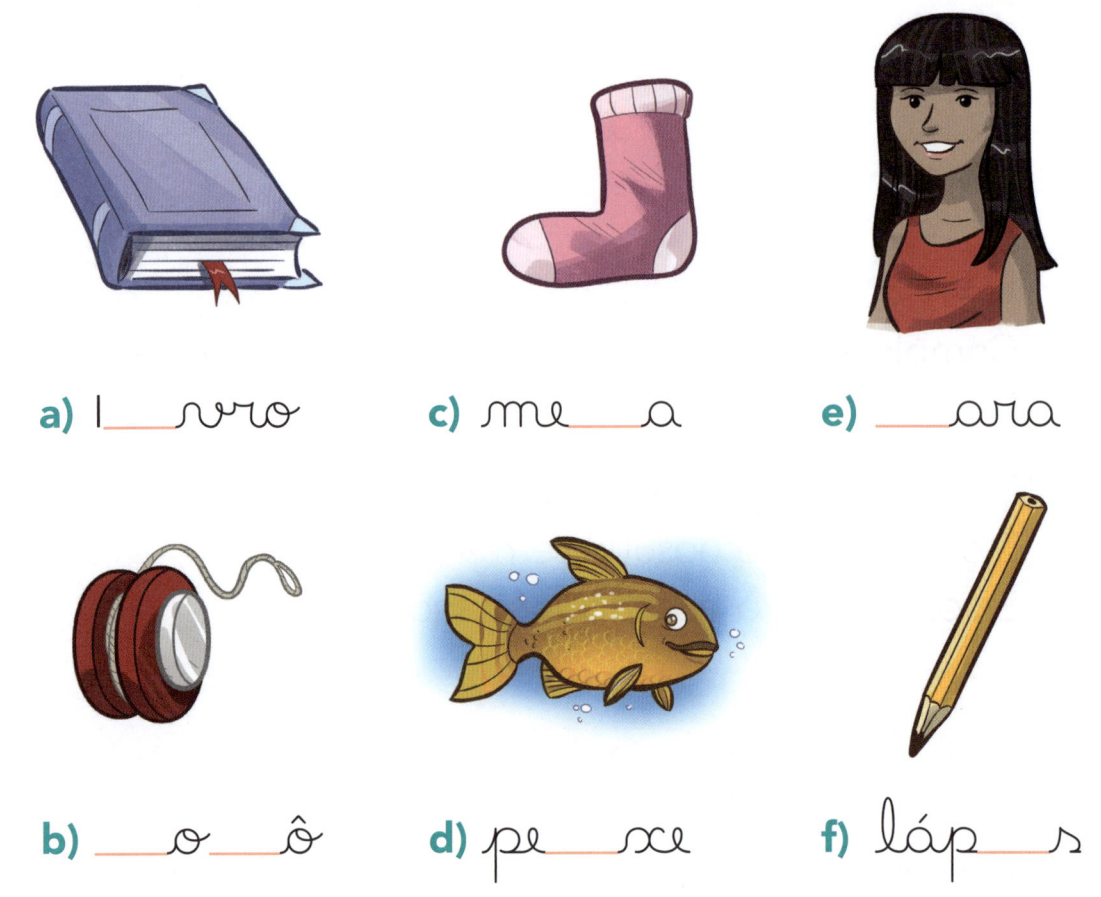

a) l___vro

c) me___a

e) ___ara

b) ___o___ô

d) pe___xe

f) láp___s

4 Circule na cantiga as palavras com a vogal **i**. Depois, pinte a imagem.

Ciranda, cirandinha
Vamos todos cirandar
Vamos dar a meia-volta
Volta e meia vamos dar

O anel que tu me deste
Era vidro e se quebrou
O amor que tu me tinhas
Era pouco e se acabou.

Cantiga.

Língua Portuguesa

escova

e	E
ℓ	ℰ

Vamos cantar

- Complete a letra da cantiga com a vogal **E** e cante-a.

E, E, E, minha escovinha

E, _____, _____, minha escovinha
Quem te pôs a mão sabendo que és minha?
Quem te pôs a mão sabendo que és minha?

João Plinta.

Atividades

1 Observe as vogais em destaque, cubra os tracejados e continue escrevendo.

e	ℓ	ℓ	ℓ			
E	ℰ	ℰ	ℰ			

2 Ligue a figura do elefante às palavras começadas com a vogal **E**.

- ESCOLA
- ABACAXI
- ELEFANTE
- ABELHA
- EMA

Língua Portuguesa

3 Complete o nome das figuras com E, e.

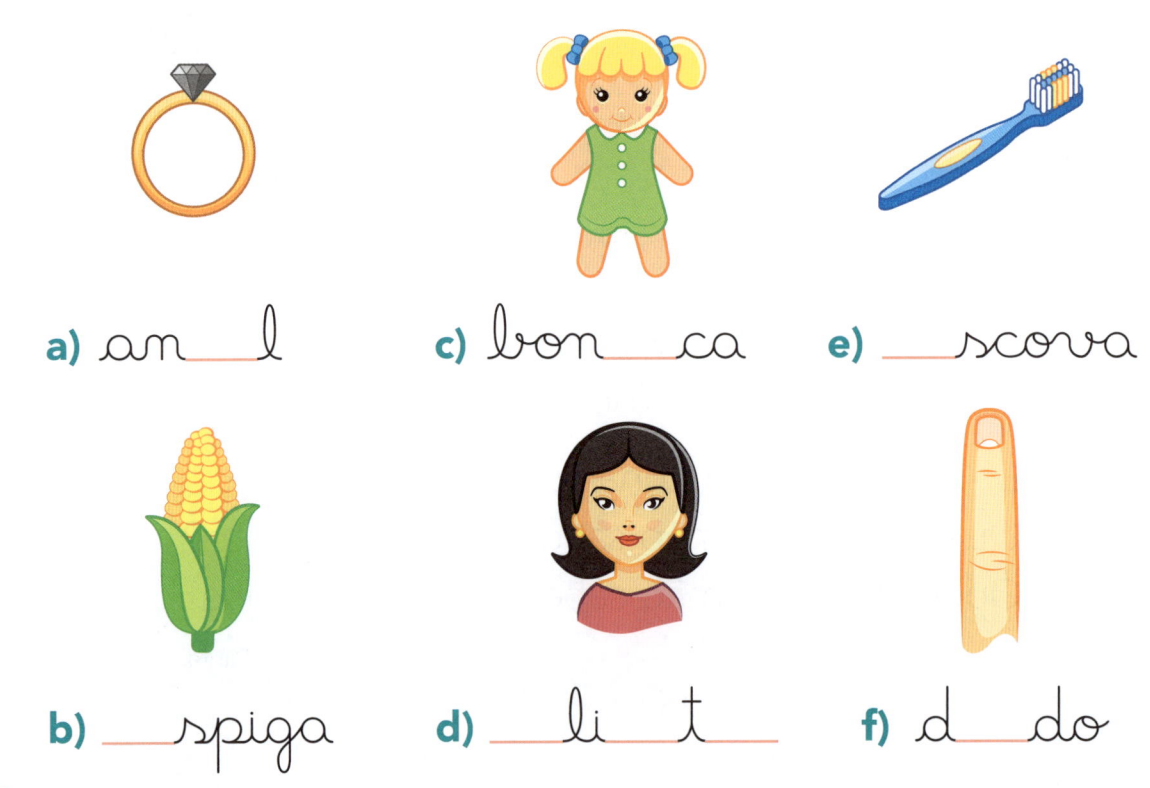

a) an___l

c) bon___ca

e) ___scova

b) ___spiga

d) ___li___t___

f) d___do

4 Circule na cantiga as palavras com a vogal **e**. Depois, pinte a imagem.

Um elefante incomoda muita gente.
Dois elefantes incomodam,
Incomodam muito mais.
Dois elefantes incomodam muita gente.
Três elefantes incomodam,
Incomodam, incomodam muito mais.

Cantiga.

Língua Portuguesa

urubu

u	U
u	U

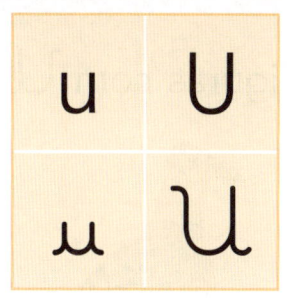

Vamos cantar

■ Complete a letra da cantiga com a vogal **U** e cante-a.

U, U, U, seu urubu

U, _____, _____, seu urubu
Que vive brigando com o seu peru.
Que vive brigando com o seu peru.

João Plinta.

Atividades

1 Observe as vogais em destaque, cubra os tracejados e continue escrevendo.

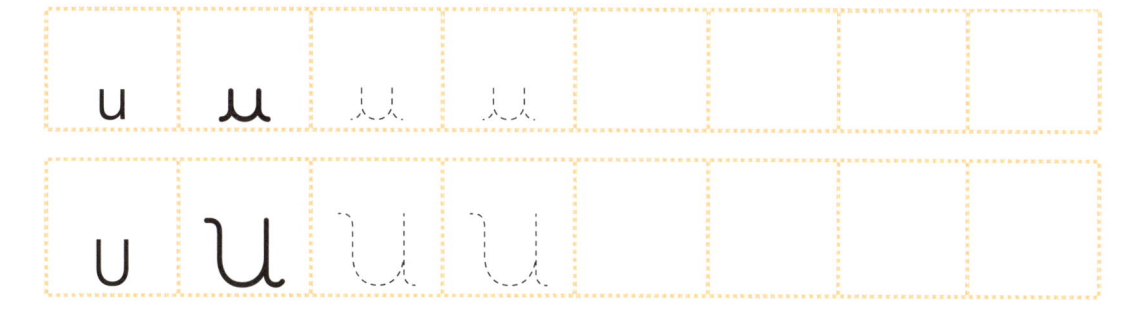

2 Ligue a figura ao nome dela.

- anel
- união
- Ivo
- uva

Língua Portuguesa

3 Complete o nome das figuras com U, u.

a) __baldo   c) __r__b__   e) l__a

b) ba__   d) t__barão   f) l__va

4 Circule no poema as palavras com **U, u**. Depois, pinte a imagem.

Urubu

Urubu
Só se veste
De preto.
Urubu
Anda de turma
Feito gueto.

Urubu
É bicho pobre.
Come lixo, carniça
E tudo que sobre.

Urubu
É feio,
Mas é nobre.

Lalau e Laurabeatriz. *Zum-zum-zum e outras poesias*. São Paulo: Companhia das Letrinhas, 2007. p. 68.

Língua Portuguesa

óculos

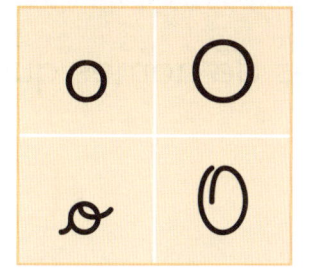

Vamos cantar

- Complete a letra da cantiga com a vogal **O** e cante-a.

O, O, O, óculos da vovó

O, _____, _____, óculos da vovó
Todo quebradinho com uma perna só.
Todo quebradinho com uma perna só.

João Plinta.

Atividades

1 Observe as vogais em destaque, cubra os tracejados e continue escrevendo.

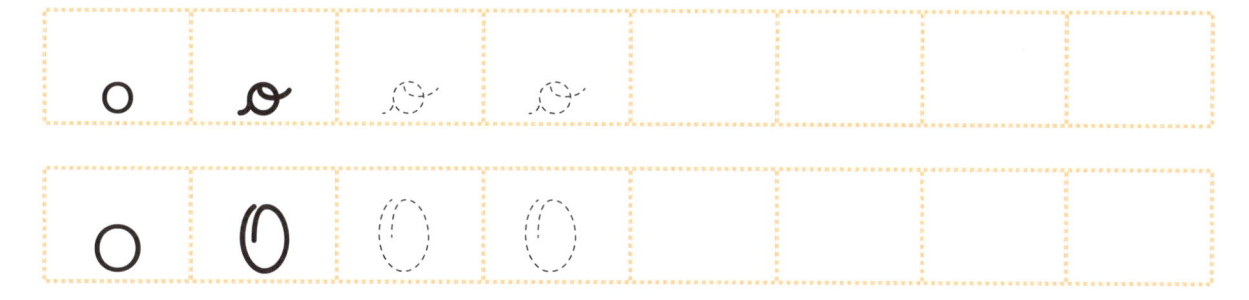

2 Complete o nome das figuras com O, o.

a) ___lh___   b) ceb___la   c) ___v___   d) ___lga

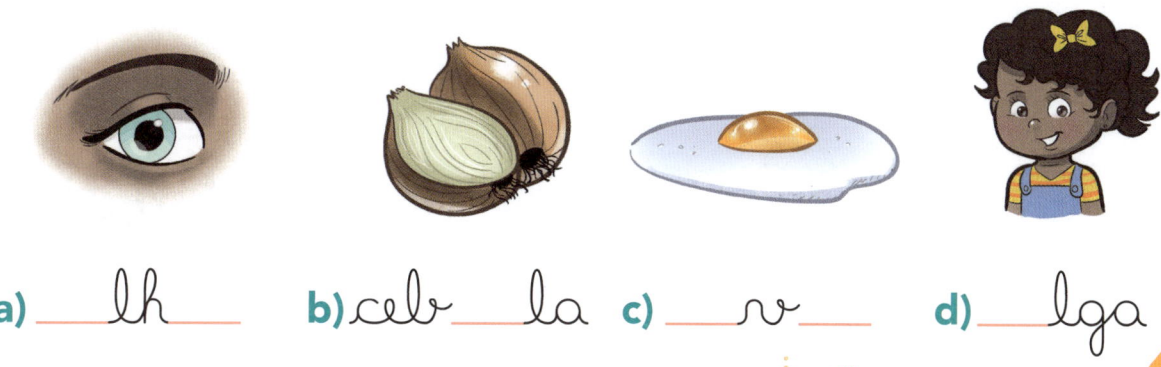

Língua Portuguesa 23

3 Faça um **X** nos ☐ antes de nomes que começam com O, o.

☐ onze
☐ azul
☐ Ivete
☐ Otávio

☐ Eliana
☐ omelete
☐ ilha
☐ osso

4 Escreva a vogal inicial do nome de cada figura.

a) _____   b) _____   c) _____   d) _____

5 Circule na cantiga as palavras com **O**, **o**. Depois, pinte a imagem.

Onça-pintada

Onça-pintada
Quem foi que te pintou?
Foi uma velhinha que aqui passou.
Tempo de areia
Fazia poeira
Puxa lagartixa na sua orelha.

Cantiga.

As vogais dão as mãos

Vamos ouvir

Batatinha aprende a latir

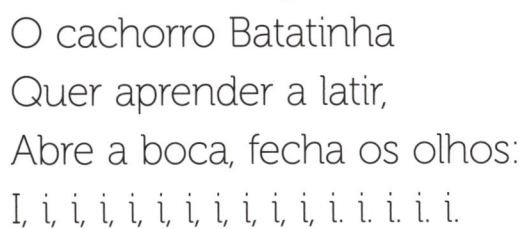

O cachorro Batatinha
Quer aprender a latir,
Abre a boca, fecha os olhos:
I, i, i, i, i, i, i, i, i, i, i, i, i, i, i, i, i.

O cachorro Batatinha
Até pensa que latiu.
Abre a boca, fecha os olhos:
Iu, iu, iu, iu, iu, iu, iu, iu.

O cachorro Batatinha
Quer latir, acha que errou:
Abre a boca, fecha os olhos,
Ou, ou, ou, ou, ou, ou, ou, ou.

O cachorro Batatinha
Vai latir mesmo ou não vai?

Abre a boca, fecha os olhos:
Ai, ai, ai, ai, ai, ai, ai, ai, ai.

O cachorro Batatinha
Late tanto que nem sei...
Abre a boca, fecha os olhos:
Ei, ei, ei, ei, ei, ei, ei, ei.

O cachorro Batatinha
Até pensa que aprendeu.
Abre a boca, fecha os olhos:
Eu, eu, eu, eu, eu, eu, eu.

Batatinha vai dormir,
Sonha que late, afinal.
Abre a boca, fecha os olhos:
Miau, miau, miau, miau.

Sérgio Capparelli. *111 poemas para crianças*. Porto Alegre: L&PM, 2009. p. 35.

- Circule os encontros vocálicos que aparecem no poema.

Atividades

1 Leia os encontros vocálicos, cubra os tracejados e copie-os.

a) ai – ai – ai _____

b) ui – ui – ui _____

c) ei – ei – ei _____

d) eu – eu – eu _____

e) uai – uai – uai _____

f) au – au – au _____

Língua Portuguesa

2 Escreva as expressões do quadro nos balões correspondentes.

| Oi! | Eu! | Ei! | Au! | Ai! | Ui! |

Conhecendo o til (~)

Que sinal bonitinho! Leia em voz alta as vogais a seguir e perceba a mudança do som aberto para o som nasal nas letras com til.

| a | ã | | ao | ão | | ae | ãe | | oe | õe |

Vamos ouvir

O cão

Sou muito mais que um cão:
eu sou de estimação,
companhia,
distração.
"Sou seu melhor amigo":
este é um ditado antigo
que sigo e levo a cabo.
Se não posso te abraçar,
Dou lambida e abano o rabo.

Claudio Thebas. *Amigos do peito*. Belo Horizonte: Formato Editorial, 1996. p. 20.

- Circule no poema as palavras com **ão**.

Atividades

1 Leia e copie em letra cursiva as vogais a seguir.

a) ã _____   c) ão _____

b) ãe _____   d) õe _____

Língua Portuguesa

2. Observe as imagens e complete as palavras com:

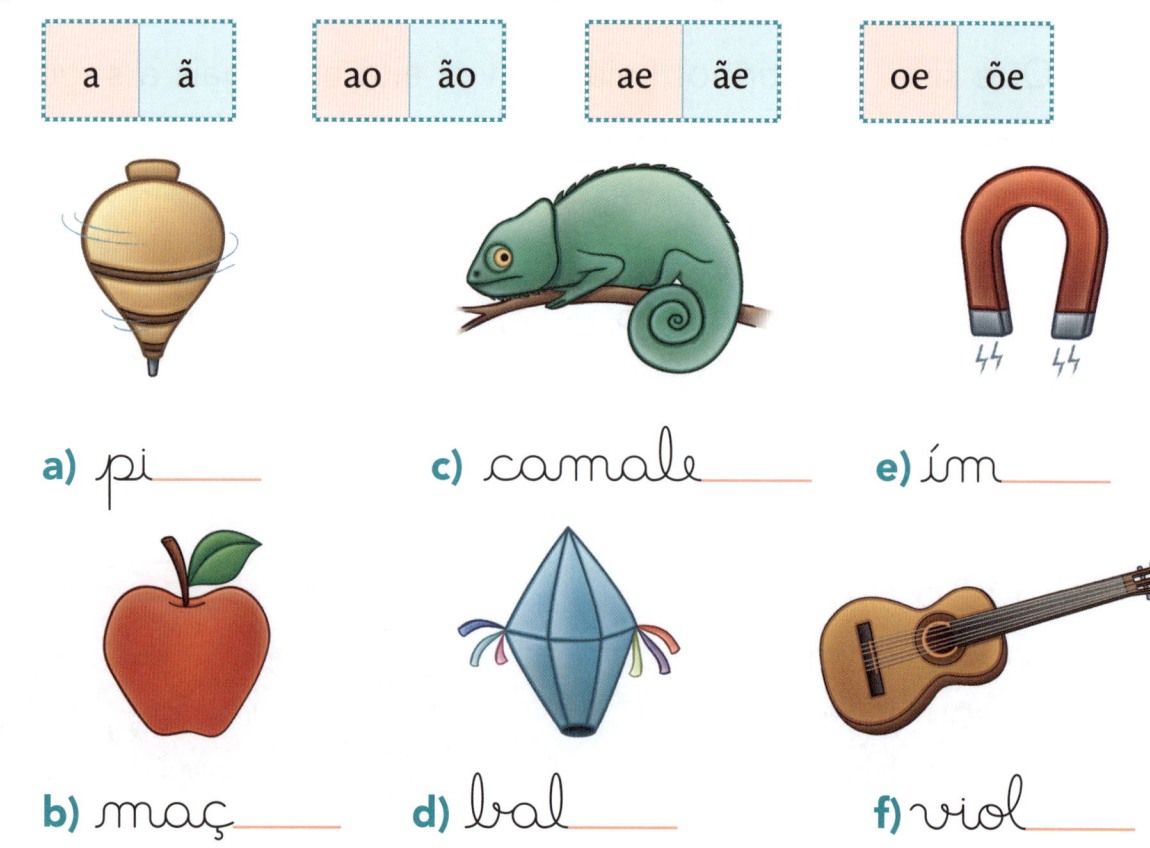

| a | ã | | ao | ão | | ae | ãe | | oe | õe |

a) pi____

c) camale____

e) ím____

b) maç____

d) bal____

f) viol____

3. Ligue o til às palavras em que ele aparece.

PICOLÉ •

PÕE •

AVIÃO •

ÔNIBUS •   ~

ANÃ •

ROBÔ •

RÃ •

• MAMÃE

• VOVÔ

• CAFÉ

• LIMÕES

• PILÃO

• ROMÃ

• SABÃO

Língua Portuguesa

papai

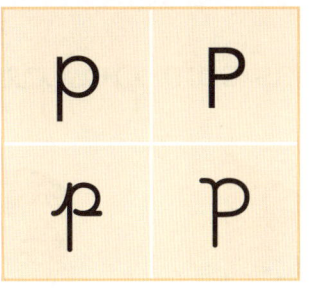

Vamos cantar

Lagarta pintada

Lagarta pintada
Quem te pintou?
Foi uma velhinha
Que aqui passou.

A saia da velha
Fazia poeira.
Puxa lagarta
No pé da orelha.

Cantiga.

- Circule na cantiga todas as palavras com **P**, **p**.

Atividades

1 Reescreva as sílabas com letra cursiva.

pa	pe	pi	po	pu
Pa	Pe	Pi	Po	Pu

2 Leia atentamente cada palavra a seguir.

pia	pau	pé	piu	papão
pipa	papai	pá	papo	papou
pião	pó	Pepe	papa	upa

Língua Portuguesa 29

3 Complete as palavras com *pa*, *pe*, *pi*, *po* ou *pu*.

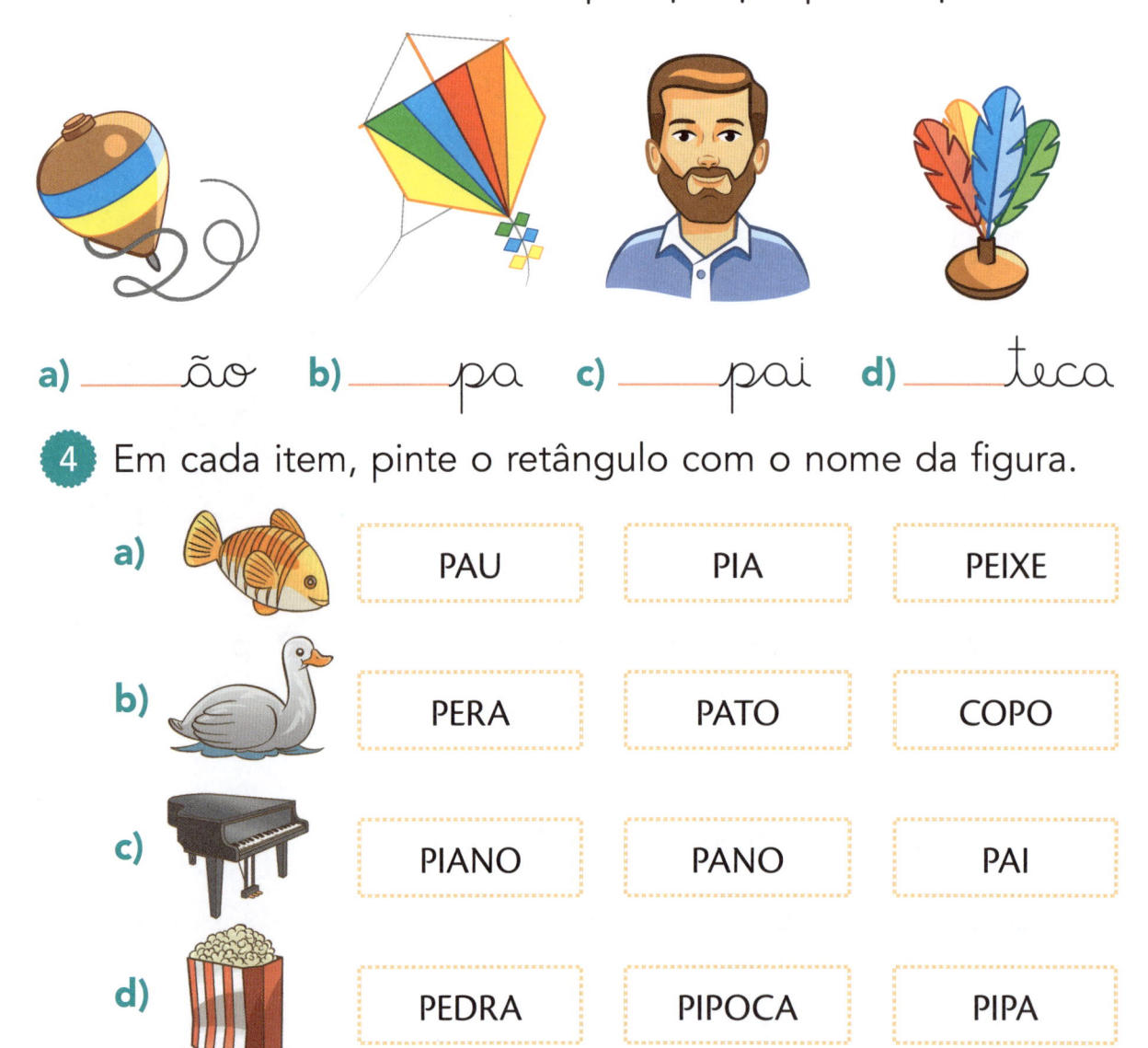

a) ____ão   b) ____pa   c) ____pai   d) ____teca

4 Em cada item, pinte o retângulo com o nome da figura.

a) | PAU | PIA | PEIXE |

b) | PERA | PATO | COPO |

c) | PIANO | PANO | PAI |

d) | PEDRA | PIPOCA | PIPA |

5 Ligue corretamente o nome à figura.

a) pipa

b) pé

c) pião

d) pia

e) papai

Língua Portuguesa

6 Leia as palavras. Depois, escreva-as com letra cursiva embaixo da imagem correspondente a elas.

| pão | pipa | pião | pia | pé | pá |

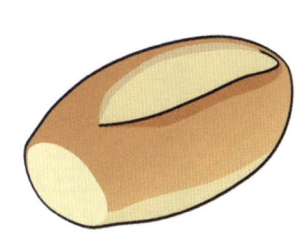

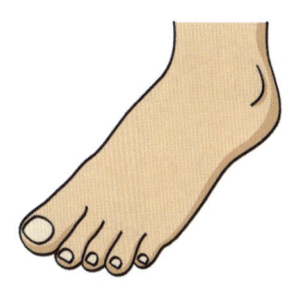

7 Separe as sílabas destas palavras. Observe o exemplo.

a) pipa | pi | pa | e) papo

b) papa   f) papai

c) Pepe   g) pia

d) papão   h) pião

Língua Portuguesa 31

mamãe

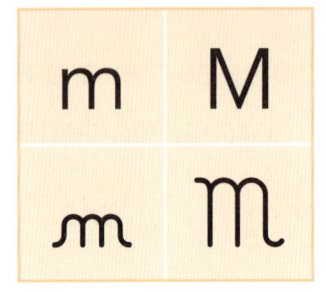

m M
m M

Vamos ouvir

O que é mãe

[...] Mãe? O que é mãe?
Luz muito clara,
Tão clara
Que nos aclara
E, afagando,
Nos ampara?
Mãe? O que é mãe
Tão doce? Tão severa
Se a gente erra!
E que empurra
Se tudo emperra.

Mãe severa?
Mãe doce?
Ou mãe fera? [...]

Sérgio Capparelli. *111 poemas para crianças.* Porto Alegre: L&PM, 2009. p. 47.

- Circule no poema todas as palavras com **M**, **m**.

Atividades

1. Reescreva as sílabas com letra cursiva.

ma   me   mi   mo   mu

Ma   Me   Mi   Mo   Mu

2 Leia atentamente cada palavra a seguir.

mapa	meu	mama	mima	uma
maio	mamãe	ema	Mimi	mau
meia	mamão	amo	mão	miau

3 Complete as palavras com *ma* ou *me*.

a) ____ia

c) e____

e) ____mão

b) ____pa

d) ____lão

f) ____la

4 Junte os números indicados para formar as palavras.

1	2	3	4	5	6	7	8	9	10
pa	pe	pi	po	pu	ma	me	mi	mo	a

a) 3+1 _____

b) 5+6 _____

c) 8+6 _____

d) 1+4 _____

e) 8+9 _____

f) 6+1 _____

g) 1+1 _____

h) 3+10 _____

Língua Portuguesa

5 Ligue as palavras iguais. Veja o exemplo.

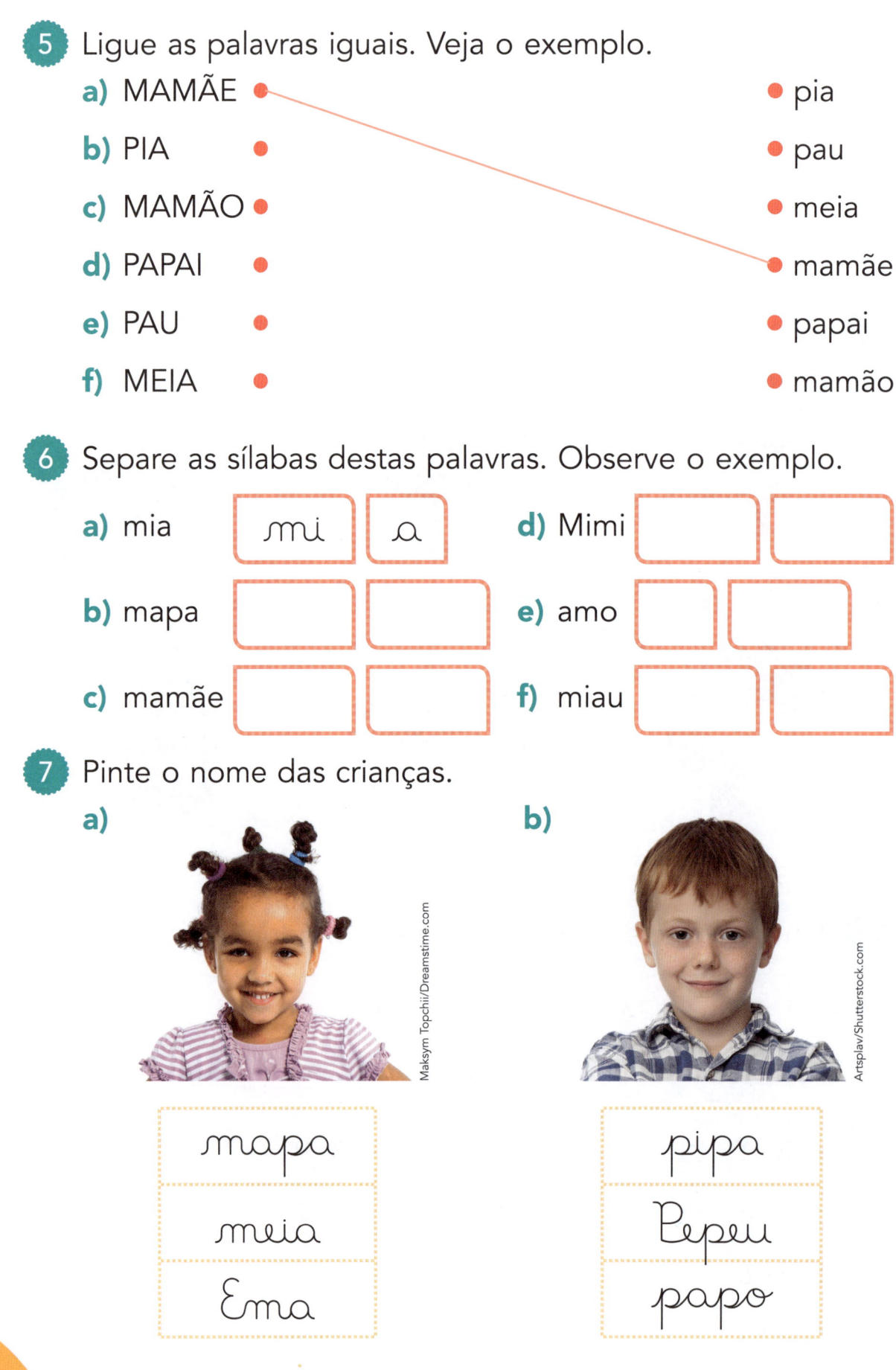

a) MAMÃE • • pia

b) PIA • • pau

c) MAMÃO • • meia

d) PAPAI • • mamãe

e) PAU • • papai

f) MEIA • • mamão

6 Separe as sílabas destas palavras. Observe o exemplo.

a) mia — | mi | a |

b) mapa — | | |

c) mamãe — | | |

d) Mimi — | | |

e) amo — | | |

f) miau — | | |

7 Pinte o nome das crianças.

a)

mapa

meia

Ema

b)

pipa

Pepeu

papo

vovó

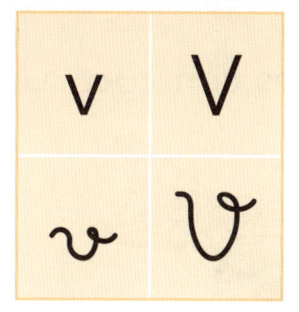

v	V
ᴠ	ᴠ

Vamos ouvir

A casinha da vovó
É coberta de cipó.
O café tá demorando,
Com certeza não tem pó.

Quadrinha.

- Circule na quadrinha todas as palavras que rimam com **vovó**.

Atividades

1 Reescreva as sílabas com letra cursiva.

va   ve   vi   vo   vu

Va   Ve   Vi   Vo   Vu

2 Leia atentamente cada palavra a seguir.

vovó	uva	Vivi	ovo	voa
vovô	via	ave	avião	povo
pavio	Ivo	viúva	pavão	Eva

Língua Portuguesa

3 Complete as palavras com va, ve, vi, vo ou vu.

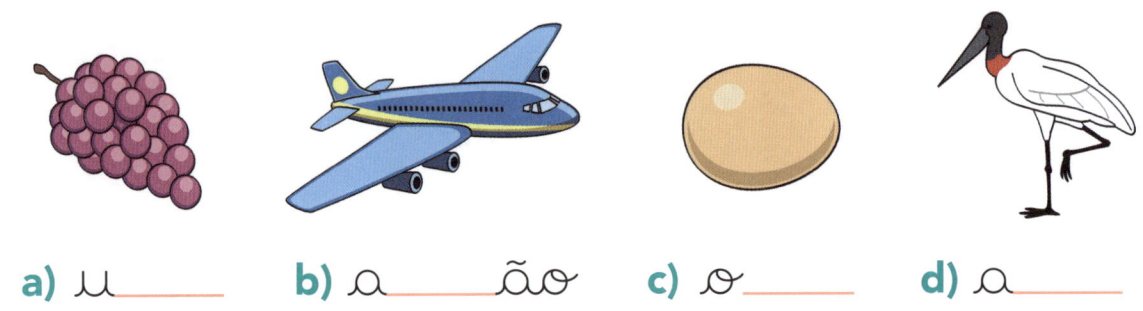

a) u____ b) a____ão c) o____ d) a____

4 Complete as palavras com V, v.

a) ____i____i b) o____o c) ____o

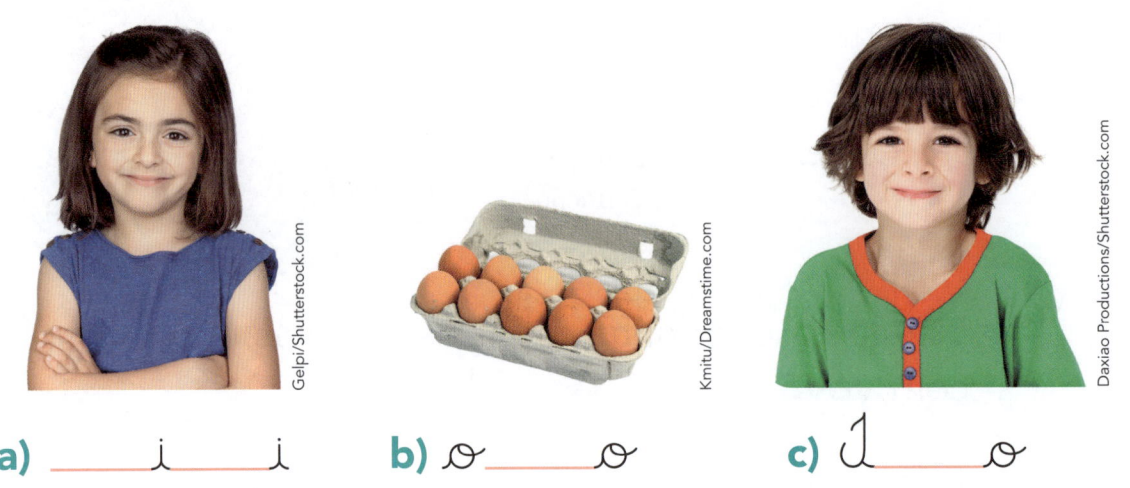

5 Leia as palavras, circule o nome de cada figura e copie-os.

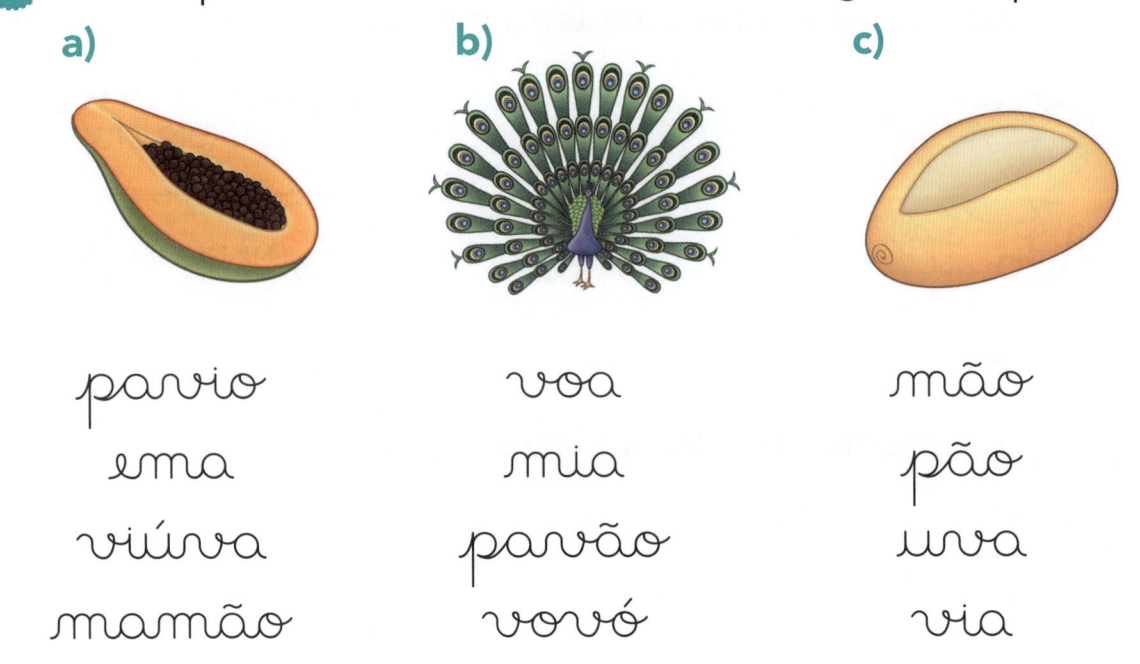

a)
pavio
ema
viúva
mamão

b)
voa
mia
pavão
vovó

c)
mão
pão
uva
via

6 Leia o texto e observe a imagem.

V

V de vovó e vovô,
Vento que vai e volta, voador,
Valor, voto, vitória,
Vontade, verdade, vencedor.

Darci Maria Brignani. ...*de A a Z, de 1 a 10*... São Paulo: Companhia Editora Nacional, 2005. p. 19.

7 Complete o texto com *va*, *ve*, *vi*, *vo* ou *vu*.

V de vo____ e ____vô,
Vento que ____i e volta, ____ador,
____lor, ____to, ____tória,
Vontade, verdade, vencedor.

8 Separe as sílabas e escreva o número de sílabas de cada palavra. Observe o exemplo.

a) vovô ___vo-vô___ [2]

b) povo _____ [ ]

c) voa _____ [ ]

d) uva _____ [ ]

e) viúva _____ [ ]

f) avião _____ [ ]

Língua Portuguesa

dominó

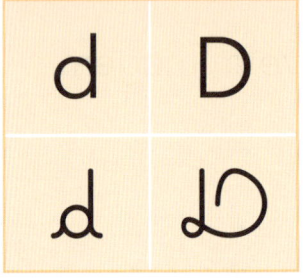

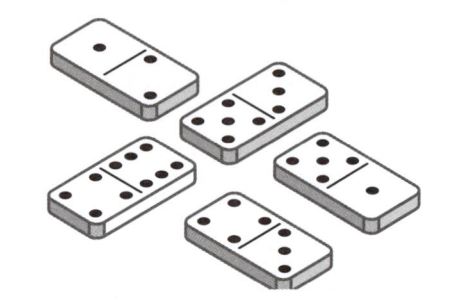

d	D
d	D

Vamos cantar

Dominó

Por esta rua, dominó,
Passou meu bem, dominó
Não foi por mim, dominó
Foi por mais alguém, dominó.

Olha o passarinho, dominó
Caiu no laço, dominó
Dai-me um beijinho, dominó
E um abraço, dominó.

Cantiga.

- Circule na cantiga todas as palavras com **D**, **d**.
- Agora, conte quantas palavras você circulou e registre: ☐.

Atividades

1 Reescreva as sílabas com letra cursiva.

da   de   di   do   du

Da   De   Di   Do   Du

Língua Portuguesa

2 Leia atentamente cada palavra a seguir.

dado	Diva	dia	dodói
Davi	dedo	Adão	medo
moeda	vida	dama	moda

3 Complete as palavras com *da, de, di, do, du, Da, De, Di, Do* ou *Du*.

a) moe_____

c) _____vi

e) da_____

b) _____ce

d) _____do

f) vea_____

4 Leia as palavras, ligue as iguais e copie-as com letra cursiva.

a) moeda •   • Diva _____

b) vida •   • moeda _____

c) dia •   • dia _____

d) Diva •   • vida _____

5 Separe as sílabas destas palavras.

a) dedo _____

b) moda _____

c) pomada _____

Língua Portuguesa

6 Leia o texto e observe a imagem.

Com a letra **D**
Se escreve **D**edo.
Com a letra **D**
Se escreve **D**ado.
Com a letra **D** se escreve:
Dia,
Dor,
Dragão e
Delegado.

> Ruth Rocha. *Palavras, muitas palavras.*
> 15. ed. Ilustrações de Raul Fernandes.
> São Paulo: Salamandra, 2013. p. 11.

7 Marque um **X** nas alternativas corretas de acordo com o texto.

Com a letra **D** se escreve:

☐ dedo e dado.
☐ dia e dor.
☐ pipa e dodói.
☐ Adão e pavão.
☐ dragão e delegado.
☐ Eva e mamãe.

8 Complete as frases de acordo com o texto.

Com a letra _____ se escreve:

_____,

Dor,
Dragão e
_____.

40 **Língua Portuguesa**

neném

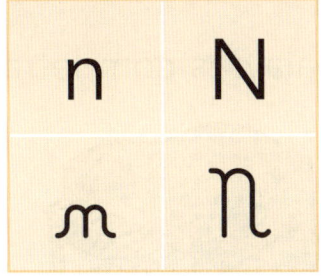

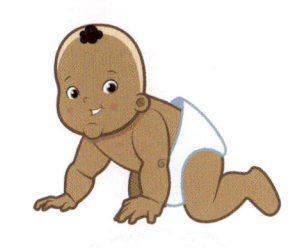

n N
m n

Vamos cantar

Nana, neném,
Que a cuca vem pegar
Papai foi pra roça
Mamãe foi trabalhar.

Cantiga.

- Circule na cantiga todas as palavras com **N**, **n**.

Atividades

1 Reescreva as sílabas com letra cursiva.

na   ne   ni   no   nu

Na   Ne   Ni   No   Nu

2 Leia atentamente cada palavra a seguir.

Nina	menina	pena	neve	piano
menino	não	nome	pano	Ana
nove	nave	novo	navio	nada

Língua Portuguesa

3 Leia e copie estas palavras com letra cursiva.

a) pena
pena

c) piano
piano

e) nenê
nenê

b) menino
menino

d) nove
nove

f) navio
navio

4 Leia as palavras, ligue as iguais e copie-as com letra cursiva.

a) nada •   • neve _____

b) nome •   • novidade _____

c) neve •   • nome _____

d) novidade •   • nada _____

5 Separe as sílabas destas palavras.

a) piano ☐ ☐ ☐   **c)** noiva ☐ ☐

b) menina ☐ ☐ ☐   **d)** pano ☐ ☐

Língua Portuguesa

6 Com a ajuda do professor, leia o texto e observe a imagem.

A menina viu no ninho
Canarinho fazer ninhada
O Nonô nina a menina
Menina fica aninhada

Rosinha. *ABC do trava-língua*. São Paulo: Editora do Brasil, 2012. p. 17.

7 Circule no trava-língua todas as palavras com **N**, **n**.

8 Complete as frases de acordo com o texto.

A _____ viu _____ ninho
Canarinho fazer ninhada
O Nonô _____ a _____
_____ fica aninhada

9 Complete o diagrama com o nome das figuras. Siga o exemplo.

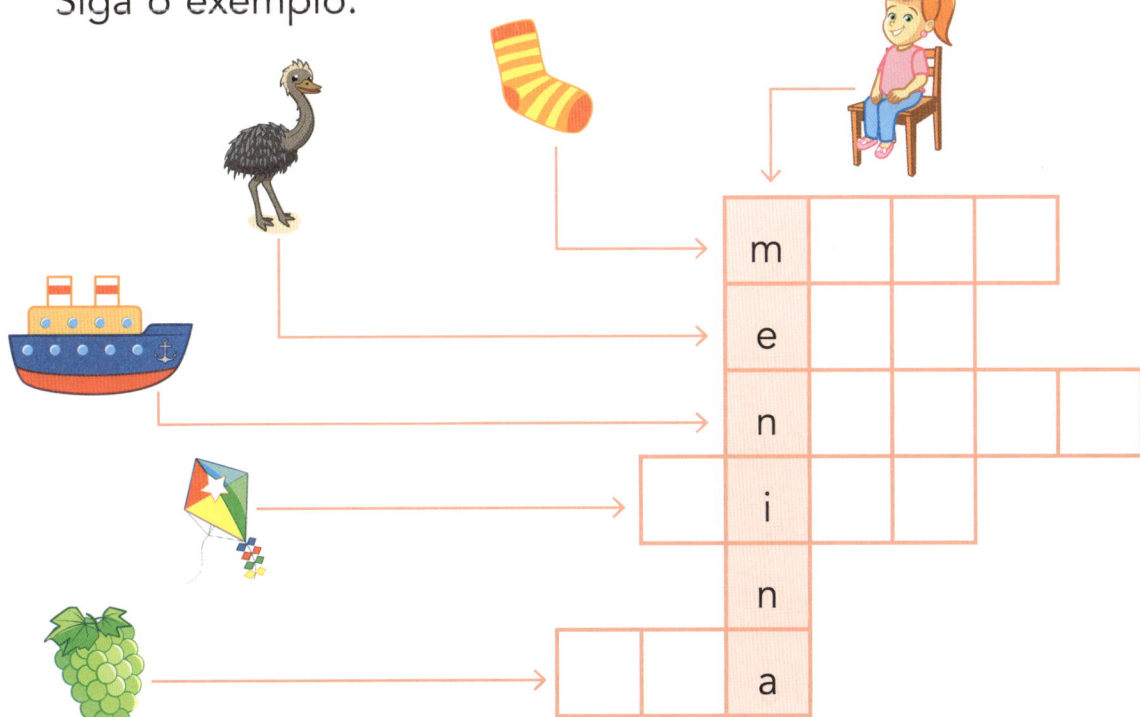

	m			
	e			
	n			
	i			
	n			
	a			

Língua Portuguesa 43

rato

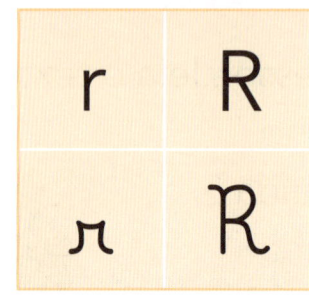

r	R
r	R

Vamos ouvir

O rato roeu a roupa do rei de Roma.
O rato roeu a roupa do rei da Rússia.
O rato roeu o rabo de Rodovalho.
O rato a roer roía e a Rosa Rita Ramalho
Do rato a roer ria.

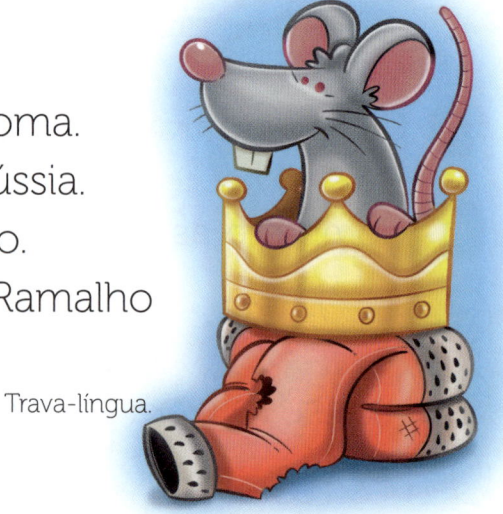

Trava-língua.

- Circule no trava-língua todas as palavras com **R**, **r**.

Atividades

1 Reescreva as sílabas com letra cursiva.

ra   re   ri   ro   ru

Ra   Re   Ri   Ro   Ru

2 Leia atentamente cada palavra a seguir.

roda	rede	rio	remo	Raiana
rua	Rui	ria	Roma	roupa
rei	rádio	ralo	rã	remédio

Língua Portuguesa

3 Complete as palavras com *ra*, *re*, *ri*, *ro* ou *ru* e copie-as.

a) ____dio

c) ____do

e) ____i

b) ____mo

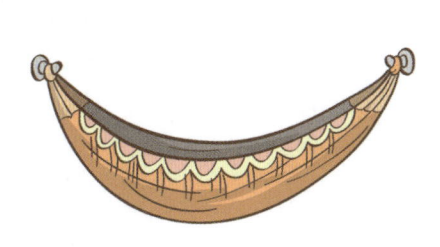

d) ____de

f) ____da

4 Separe as sílabas e escreva o número de sílabas de cada palavra.

a) roupa

b) Roma

c) rua

d) robô

e) remédio

Língua Portuguesa 45

5 Numere as cenas de acordo com as frases.

| 1 | Vovó viu a rã. | 3 | A roupa é do rei. |
| 2 | Rui nada no rio. | 4 | A menina está na rede. |

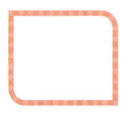

6 Copie o trava-língua substituindo as figuras pelo nome.

O 🐭 roeu

_____

a 👑 do rei de Roma.

sapo

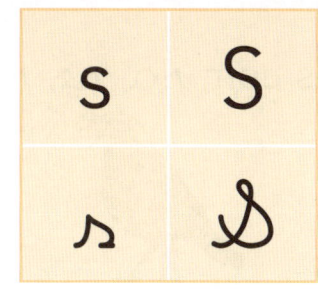

s	S
𝓈	𝒮

Vamos ouvir

Olha o sapo dentro do saco
O saco com o sapo dentro
O sapo batendo papo
E o papo soltando vento.

Trava-língua.

- Circule no trava-língua todas as palavras com **S** ou **s**.

Atividades

1 Reescreva as sílabas com letra cursiva.

sa	se	si	so	su
Sa	Se	Si	So	Su

2 Leia atentamente cada palavra a seguir.

sapo	sino	são	soda	sopapo
sopa	saúva	saia	saída	Simone
sede	seu	seda	suado	Sávio

Língua Portuguesa 47

3 Complete as palavras com *sa, se, si, so* ou *su*.

a) ____ po

c) ____ biá

e) ____ no

b) ____ mone

d) ____ pa

f) ____ ia

4 Separe as sílabas e escreva o número de sílabas de cada palavra.

a) Simão

b) saída

c) saúde

d) suado

e) sopapo

5 Ordene as sílabas de acordo com os números e escreva as palavras formadas.

    2 3 1

a) ú va sa

    2 1

c) de se

    3 1 2

b) de sau da

    2 1

d) no si

Língua Portuguesa

6 Leia o texto e observe a imagem.

Sávio deu uma saia à mamãe.
Mamãe saiu de saia nova.
Na rua, mamãe viu um sino.
O sino é novo.

7 Marque um **X** na resposta correta de acordo com o texto.

a) Sávio deu uma saia:

☐ a Simão.   ☐ à mamãe.   ☐ ao mamão.

b) Na rua, mamãe viu:

☐ um sapo.   ☐ uma saúva.   ☐ um sino.

8 Complete o diagrama com o nome das figuras.

s
a
ú
v
a

Língua Portuguesa

tomate

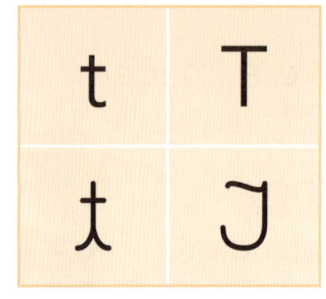

t	T
t	T

Vamos ouvir

Tartaruga

Tic-tac,
tic-tac,
tanto tempo
para andar.
Tempo passa,
passatempo,
tartaruga
não é lebre,
pisa leve,
não tem pressa
pra chegar.

José de Nicola. *Alfabetário*. 2. ed. Ilustrações de Daniel Kondo. São Paulo: Moderna, 2002. p. 26. (Coleção Girassol).

- Circule no poema todas as palavras com **T**, **t**.

Atividades

1 Reescreva as sílabas com letra cursiva.

ta   te   ti   to   tu

Ta   Te   Ti   To   Tu

2 Leia atentamente cada palavra a seguir.

tatu	Tadeu	mato	tábua	apito
titio	tomate	tomada	pato	tapete
tapa	teto	Tati	sapato	pote

Língua Portuguesa

3 Complete as palavras com ta, te, ti, to ou tu.

a) tape

c) api

e) ___mada

b) pa___

d) ___ia

f) po___

4 Ligue as palavras formando pares.

a) papai • • rata

b) titio • • pavoa

c) pato • • mamãe

d) rato • • titia

e) pavão • • pata

5 Complete cada palavra a seguir com a sílaba que falta. Siga o exemplo.

a) TOMA [TE]

b) SAPA [   ]

c) [   ] MADA

d) [   ] PETE

e) [   ] PA

f) TA [   ]

Língua Portuguesa 51

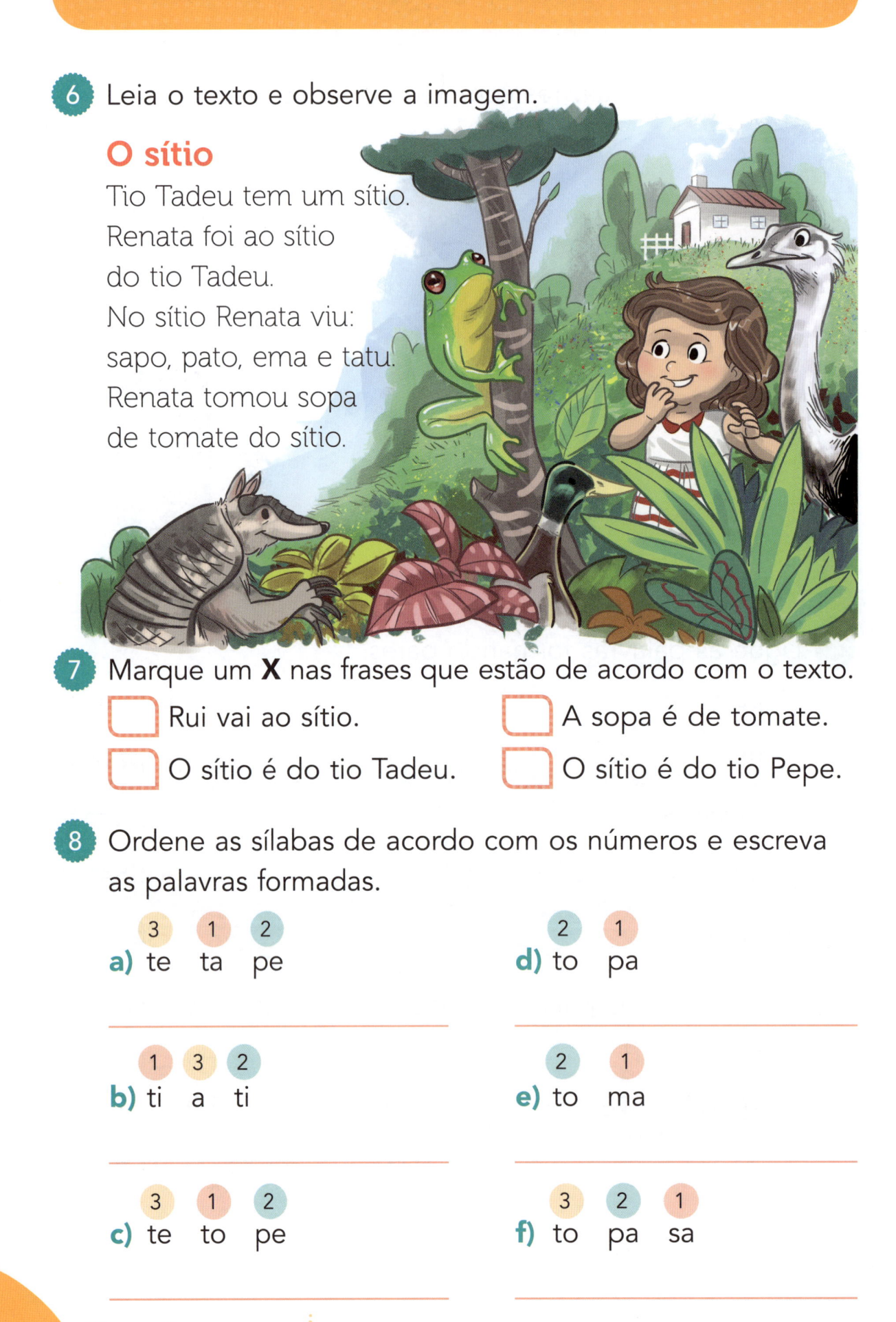

6 Leia o texto e observe a imagem.

O sítio

Tio Tadeu tem um sítio.
Renata foi ao sítio
do tio Tadeu.
No sítio Renata viu:
sapo, pato, ema e tatu.
Renata tomou sopa
de tomate do sítio.

7 Marque um **X** nas frases que estão de acordo com o texto.

☐ Rui vai ao sítio. ☐ A sopa é de tomate.

☐ O sítio é do tio Tadeu. ☐ O sítio é do tio Pepe.

8 Ordene as sílabas de acordo com os números e escreva as palavras formadas.

a) ③ ① ②
   te ta pe

d) ② ①
   to pa

b) ① ③ ②
   ti a ti

e) ② ①
   to ma

c) ③ ① ②
   te to pe

f) ③ ② ①
   to pa sa

Língua Portuguesa

bota

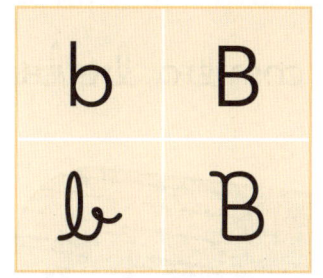

b	B
b	B

Vamos ouvir

Boto de bota

Um boto   Comendo   Um boto
Num bote   Biscoito. [...] Num mar
Cheinho   Um boto   De água
De sorte.   Cambota   De cheiro.

Um boto   Com bota
De barba   De pelo.

Sergio Capparelli. *Tigres no quintal.* 4. ed. São Paulo: Global, 2008. p. 18.

- Circule no poema todas as palavras com **B**, **b**.

Atividades

1 Reescreva as sílabas com letra cursiva.

ba   be   bi   bo   bu

Ba   Be   Bi   Bo   Bu

2 Leia atentamente cada palavra a seguir.

bota	batata	bebida	bebê	baba
sabão	botão	baú	Bia	babou
boa	tábua	boi	Beto	beba

Língua Portuguesa

3 Complete as palavras com ba, be, bi, bo ou bu e copie-as.

a) ___tata   c) ___ú   e) sa___nete

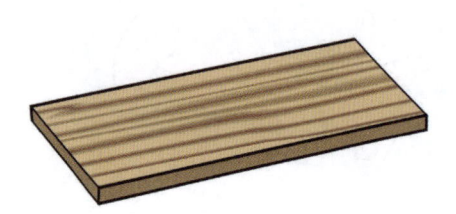

b) tá___a   d) ___tão   f) ___i

4 Complete as frases com as palavras do quadro.

tia – tomate – Bia – sopa – boi – rato – boné – bota – Beto

a) O _____ roeu o tapete.
b) O _____ é bonito.
c) A _____ é de _____.
d) O _____ é meu.
e) A _____ de _____ é boa.
f) O nome da _____ é _____.

5 Leia o texto e observe a imagem.

O boi

Beto é um menino sabido.
Beto viu um boi no
sítio do tio Tadeu.
O nome do boi é Bibi.
Bibi é um boi bonito.
No sítio, Beto bebeu
vitamina de banana.

6 Circule no texto todas as palavras com **B**, **b** e copie-as.

_____

_____

7 Marque um **X** na resposta certa de acordo com o texto.

a) Beto é um menino:

☐ bonito.   ☐ sabido.

b) O nome do boi é:

☐ Babão.   ☐ Bibi.

8 Ordene as palavras de acordo com os números e escreva as frases formadas.

⑤ ② ④ ① ③
a) bonito. é boi Bibi um

_____

③ ④ ① ⑤ ②
b) vitamina de Beto banana. bebeu

_____

Língua Portuguesa

lua

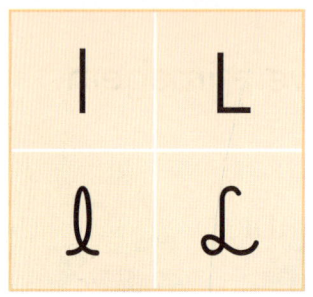

l	L
l	*L*

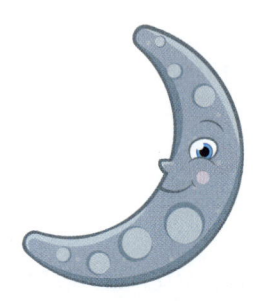

Vamos ouvir

Por que será que numa noite a lua é tão pequena e fininha e outra noite ela fica tão redonda e gordinha para depois ficar de novo daquele jeito estreitinha? Depende de quê? Depende do dia que a gente vê.

Jandira Masur. *O frio pode ser quente?* 17. ed. São Paulo: Ática, 2008. p. 11.

- Circule no poema todas as palavras com **L, l**.

Atividades

1 Reescreva as sílabas com letra cursiva.

la   le   li   lo   lu

La   Le   Li   Lo   Lu

2 Leia atentamente cada palavra a seguir.

lata	leia	leite	bolo	bola
mala	vela	leitão	melado	lua
lado	lama	Laila	Léo	ela

Língua Portuguesa

3 Complete as palavras com *la, le, li, lo* ou *lu*.

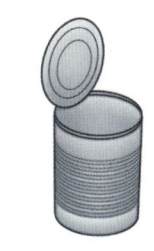

a) bo____   c) ____ta   e) ____ão

b) ____mão   d) ro____   f) ____a

4 Junte os números indicados para formar as palavras.

1	2	3	4	5	6	7	8	9	10	11	12
le	lu	la	li	lo	ta	do	me	sa	da	bo	va

a) 3+6 _____
b) 8+7 _____
c) 8+3+7 _____
d) 11+5 _____
e) 11+3 _____

f) 3+12 _____
g) 9+3+10 _____
h) 2+12 _____
i) 9+4+12 _____
j) 12+1+6 _____

5 Separe as sílabas destas palavras.

a) maleta _____
b) vela _____
c) lata _____

d) bola _____
e) limonada _____
f) selo _____

Língua Portuguesa

6 Encontre as palavras a seguir no diagrama e copie-as com letra cursiva.

a) TELA
b) LUA
c) SELO
d) VELA
e) LEITE
f) LUPA

L	M	V	E	L	A	Z	L
E	Y	D	G	H	J	O	U
I	C	T	E	L	A	R	P
T	W	M	R	V	X	L	A
E	Y	U	K	I	E	U	B
Z	S	E	L	O	D	A	S

7 Pinte o nome de cada figura.

a)
- *lata*
- *bolo*
- *lama*

b)
- *melado*
- *rolo*
- *mala*

8 Copie as frases substituindo as figuras pelo nome.

a) O 🧁 é de 🍌.

b) *Laila tomou* 🍲 *de* 🍅.

cavalo

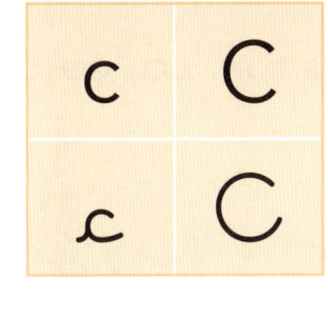

c C
c C

Vamos ouvir

Corre, cutia

Corre, cutia
Na casa da tia
Corre, cipó
Na casa da avó
Lencinho na mão

Caiu no chão
Moça bonita
Do meu coração
Um, dois, três.

Parlenda.

- Circule na parlenda todas as palavras com **C, c**.

Atividades

1 Reescreva as sílabas com letra cursiva.

ca   co   cu

Ca   Co   Cu

2 Leia atentamente cada palavra a seguir.

Caco	cueca	cuíca	camelo	peteca
boca	vaca	cocada	bico	sacola
cavalo	Camila	cabide	cão	pipoca

Língua Portuguesa

3 Complete as palavras com *ca*, *co* ou *cu* e copie-as.

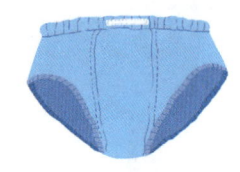

a) ___eca   c) sa___la   e) ___co

b) ___melo   d) pipo___   f) va___

4 Separe as sílabas destas palavras. Observe o exemplo.

a) cabide *ca-bi-de*   d) canudo _____

b) cuíca _____   e) vaca _____

c) sacola _____   f) bicudo _____

5 Copie as frases substituindo as figuras pelo nome.

a) O [leite] é da [vaca].

b) O [macaco] come [banana].

Língua Portuguesa

6 Leia o texto e pinte a imagem.

Camila, Raiana e Caio

Camila come pipoca e coco.
Raiana come cocada
e bebe suco de uva.
Caio viu a cocada e pediu:
— Raiana, me dê uma cocada?

7 Complete as frases de acordo com o texto.

_____ come _____ e _____.
Raiana _____ cocada e bebe suco de _____.
_____ viu a cocada e _____:
— _____, me _____ uma cocada?

8 Marque um **X** nas frases que estão de acordo com o texto.

☐ Raiana come pipoca e coco.
☐ Camila come cocada.
☐ Raiana bebe suco de uva.
☐ Caio pediu uma cocada.

9 Escreva o nome das crianças do texto.

a) _____   b) _____   c) _____

Língua Portuguesa

gato

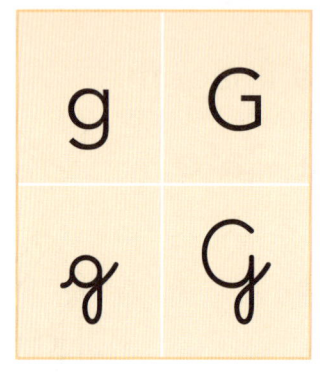

g G
g G

Vamos ouvir

O gabola

O gato Frajola
põe a cartola
mas não vai
à escola.

Vai é pra festa
ou fazer seresta
o gato Frajola
o grande gabola.

Maria Celia Bueno. *Misturando versos*. Belo Horizonte: Vigília, 1986. p. 6.

- Circule no poema todas as palavras com **G**, **g**.

Atividades

1 Reescreva as sílabas com letra cursiva.

ga   go   gu   Ga   Go   Gu

2 Leia atentamente cada palavra a seguir.

gado	gota	gola	gaveta	gato
goiaba	legume	Guga	água	gago
colega	galo	galope	gavião	agudo

Língua Portuguesa

3 Complete as palavras com *ga*, *go* ou *gu* e copie-as.

a) ___to

c) bi___de

e) ___lo

b) ___de

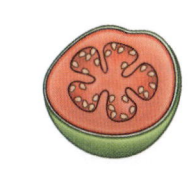

d) ___iaba

f) ___ta

4 Separe as sílabas e escreva o número de sílabas de cada palavra.

a) colega _____ ___

b) gamela _____ ___

c) legume _____ ___

d) galão _____ ___

e) gola _____ ___

f) Guga _____ ___

5 Junte as sílabas e escreva com letra cursiva as palavras formadas.

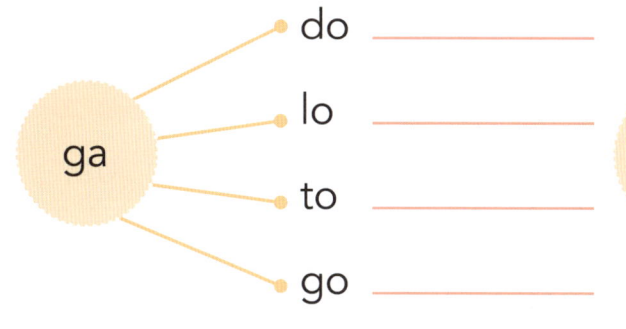

ga
- do _____
- lo _____
- to _____
- go _____

go
- ta _____
- la _____
- ma _____
- le _____

Língua Portuguesa 63

6 Leia o texto e observe a imagem.

Guga

Guga tem um gato
e um papagaio.
O gato de Guga bebeu
leite e comeu pão.
O papagaio bicou o
pão e voou.
Guga bebeu suco de cacau
E comeu goiabada.

7 Responda às questões de acordo com o texto.

a) Qual é o nome do texto?

_____

b) Quais animais aparecem no texto?

_____

8 Marque um **X** na resposta certa de acordo com o texto.

a) Guga tem:

☐ um gato e um galo.   ☐ um gato e um papagaio.

b) O gato bebeu:

☐ suco.   ☐ leite.   ☐ água.

c) Guga comeu:

☐ cocada.   ☐ goiabada.   ☐ pipoca.

Língua Portuguesa

jaca

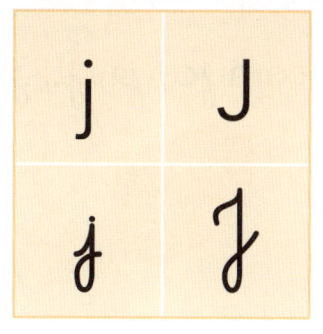

j	J
j	*J*

Vamos ouvir

Quer jaca? Já para a jaqueira!
Quer jiló? Já para o jiloeiro!
Quer jambo? Já para o jambeiro!
Quer jenipapo? Já para o jenipapeiro!
Quer jabuticaba? Já para a jabuticabeira!

Jonas Ribeiro. *Alfabético: almanaque do alfabeto poético.*
São Paulo: Editora do Brasil, 2015. p. 36.

- Circule o nome das frutas que você conhece.

Atividades

1 Reescreva as sílabas com letra cursiva.

ja   je   ji   jo   ju

Ja   Je   Ji   Jo   Ju

2 Leia atentamente cada palavra a seguir.

jaca	cajá	jiboia	jogo	caju
janela	jujuba	jiló	João	Joana
tijolo	sujo	Juca	jipe	Juliana

Língua Portuguesa

3 Complete as palavras com *ja*, *je*, *ji*, *jo* ou *ju* e copie-as.

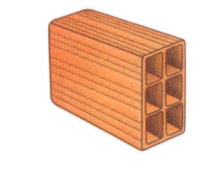

a) _____ca

c) ti_____lo

e) _____boia

b) _____pe

d) ca_____

f) _____nela

4 Numere as cenas de acordo com as frases.

1 Juliana pegou a joia.

2 O jipe é do papai.

3 Juca joga bola.

4 O suco é de caju.

5 Leia o texto e observe a imagem.

O jipe

João é amigo de Guga e de Juliana.
O pai de João tem um jipe.
Ele levou Guga, João e Juliana de jipe ao sítio do tio Tadeu.
Da janela do jipe João viu um pé de jaca.
No sítio, João comeu jaca e bebeu suco de cajá.

6 Complete as frases de acordo com o texto.

João é _____ de _____
e de _____.
O pai de _____ tem um _____.

7 Sublinhe a frase que está de acordo com o texto.

a) Da janela do jipe João viu um pé de cajá.

b) João comeu jaca e bebeu suco de cajá.

8 Coloque a ou o antes das palavras a seguir.

a) ____ jiló

b) ____ caju

c) ____ jaca

d) ____ cajuada

e) ____ jabuticaba

f) ____ jabuti

Língua Portuguesa 67

fada

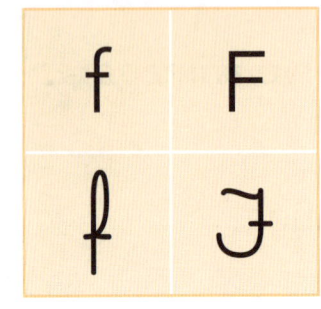

f	F
f	F

Vamos ouvir

Fiandeira, por que fias?
Fio fios contra o frio.
Fiandeira, pra quem fias?
Fio fios pros meus filhos.
Fiandeira, com que fias?
Com fieiras de três fios.

Tecelagem. Sérgio Capparelli. *111 poemas para crianças*. Porto Alegre: L&PM, 2009. p. 110.

■ Circule no poema todas as palavras com **F, f**.

Atividades

1 Reescreva as sílabas com letra cursiva.

fa   fe   fi   fo   fu

Fa   Fe   Fi   Fo   Fu

2 Leia atentamente cada palavra a seguir.

fivela	Fábio	feijão	fogo	fubá
feio	fofoca	fofo	fogão	figa
foca	bife	Fabiana	fígado	fita

Língua Portuguesa

3 Complete as palavras com *fa, fe, fi, fo* ou *fu* e copie-as.

a) ___ ta

c) ___ da

e) ___ ca

b) ___ ca

d) ___ gão

f) bi ___

4 Complete o quadro com a separação de sílabas das palavras a seguir. Observe o exemplo.

a) FIVELA	FI	-	VE	-	LA
b) FOFOCA		-		-	CA
c) CAFÉ	CA	-		-	
d) FELIPE		-	LI	-	
e) MOFADO	MO	-		-	
f) SOFÁ	SO	-		-	
g) FÁTIMA		-	TI	-	
h) FEIJÃO		-	JÃO	-	

Língua Portuguesa

5 Leia o texto e observe a imagem.

Se eu fosse uma fada

Ah! se eu fosse uma fada,
Dessas que são invisíveis...
Com minha varinha mágica
Faria coisas incríveis. [...]

Ah! se eu fosse uma fada,
Quanta coisa eu faria...
Com minha varinha mágica
Quase tudo eu mudaria. [...]

Mariana Monteiro Cardoso. *Se eu fosse uma fada...*
São Paulo: Paulus, 1995. p. 2-6.

6 Marque um **X** na resposta certa de acordo com o texto.

a) O nome do texto é:

☐ Se eu fosse uma fada.

☐ Se eu fosse uma foca.

b) O texto fala de:

☐ uma varinha sapeca.

☐ uma varinha mágica.

7 Complete de acordo com o texto.

Ah! se _____ fosse uma _____,
Quanta coisa eu _____...
Com minha varinha _____
Quase tudo eu _____.

Língua Portuguesa

zebra

z Z

Vamos ouvir

A zebra zimbabuana
Zanza bem zaragateira
E ziguezagueia zonza
Zoa e zune zombeteira

Rosinha. *ABC do trava-língua*. São Paulo: Editora do Brasil, 2012. p. 28.

- Conte no trava-língua todas as palavras com **Z**, **z** e registre no quadro.

Atividades

1 Reescreva as sílabas com letra cursiva.

za   ze   zi   zo   zu

za   ze   zi   zo   zu

2 Leia atentamente cada palavra a seguir.

vazio	Zélia	buzina	azeite	batizado
amizade	dezena	Zeca	azeitona	azedo
dúzia	azulão	zebu	doze	Zazá

Língua Portuguesa

3 Complete as palavras com *za*, *ze*, *zi*, *zo* ou *zu* e copie-as.

a) a____lão

c) do____

e) ____bra

b) bu____na

d) ____bu

f) ____per

4 Complete as palavras com as letras que faltam.

a) VA____IO

c) ____ÉLIA

e) AMI_____DE

b) DÚ____IA

d) BATI_____DO

f) DE_____NA

5 Encontre no diagrama palavras com a letra **Z** e reescreva-as ao lado. Observe o exemplo.

G	B	H	I	Z	E	B	U
T	U	M	A	C	B	E	H
A	Z	E	I	T	O	N	A
K	I	D	V	T	I	V	V
C	N	O	X	M	H	S	T
U	A	Z	E	I	T	E	V
M	O	E	Q	R	A	X	Z

1. zebu
2. ____
3. ____
4. ____
5. ____

72 Língua Portuguesa

6 Leia o texto e observe a imagem.

Zebrinha

Coitada da zebra!
É tão pobrezinha,
só tem uma roupa,
a coitadinha!
Dorme de pijama,
pijama de listrinha,
e passa dias inteiros
vestida de pijaminha.
Que tal a gente se juntar
e fazer uma vaquinha
pra comprar pra zebrinha
vestido de bolinha?

Wânia Amarante. *Cobras e lagartos*. São Paulo: FTD, 2011. p. 49.

7 Complete as frases de acordo com o texto.

_____ da zebra!
É _____ pobrezinha,
só tem uma _____,
a _____!
Dorme de _____,
_____ de listrinha

8 Marque a resposta correta de acordo com o texto.

a) A zebra dorme de:
☐ saia.   ☐ pijama.   ☐ cueca.

b) A zebra não tem:
☐ sapato.   ☐ cama.   ☐ roupa.

Língua Portuguesa

xale

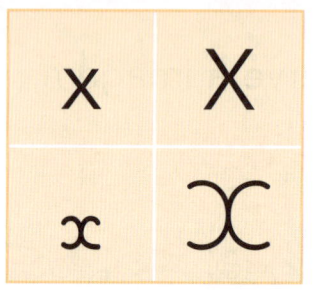

x	X
x	✗

Vamos ouvir

Xisto e Xênia

Xisto é o xodó da vovó Xênia.
Ele é muito levado e xereta.
Mexe em tudo!
Na caixa, no xale, no xarope,
na xícara e no xaxim da vovó.
O beijo xoxo de Xisto deixa a
vovó toda feliz.

- Copie do texto todas as palavras com **X**, **x**.

_____

_____

Atividades

1 Reescreva as sílabas com letra cursiva.

xa   xe   xi   xo   xu

Xa   Xe   Xi   Xo   Xu

2 Leia atentamente cada palavra a seguir.

xale	lixa	coxa	caixão	mexia
peixe	maxixe	roxo	luxo	faxina
caixote	ameixa	abacaxi	Xuxa	faixa

3 Complete as palavras com xa, xe, xi, xo ou xu e copie-as.

a) ___xerife

c) abacaxi

e) peixe

b) lixa

d) caixa

f) lixo

4 Forme o par. Observe o exemplo.

a) o rato __a rata__

b) o gato _____

c) o pato _____

d) o titio _____

5 Leia o texto e observe a imagem.

O xale

Vovô Aleixo dá uma caixa a vovó.
A caixa é bonita e tem uma fita roxa.
Vovó mexeu na caixa e pegou um xale.
Vovó deu um beijo em vovô.
Ele ficou roxo como a fita roxa.

6 Complete as frases de acordo com o texto.

Vovô Aleixo dá uma caixa a _____.

A caixa é bonita e tem uma fita _____.

Vovó mexeu na caixa e pegou um _____.

Vovó deu um beijo em vovô.

Ele ficou _____ como a fita roxa.

7 Copie as frases substituindo as figuras pelos nomes.

a) Aleixa colocou o 🍍 na 📦.

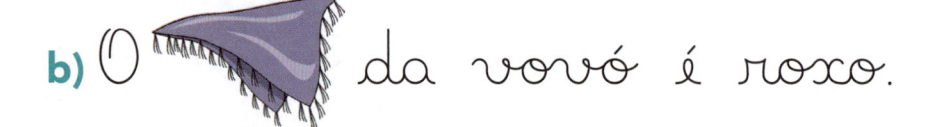

b) O 🧣 da vovó é roxo.

hora

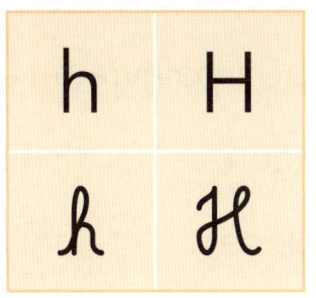

h	H
h	*H*

Vamos ouvir

O relógio

Passa, tempo, tic-tac
Tic-tac, passa, hora
Chega logo, tic-tac
Tic-tac, e vai-te embora
Passa, tempo
Bem depressa
Não atrasa
Não demora
Que já estou
Muito cansado

Já perdi
Toda a alegria
De fazer
Meu tic-tac
Dia e noite
Noite e dia
Tic-tac
Tic-tac
Tic-tac...

Vinicius de Moraes. In: *Antologia Poética*. São Paulo: Cia. das Letras, Editora Schwarcz Ltda., 1992. p. 11.

- Circule no poema todas as palavras com a letra **h**.

Atividades

1 Reescreva as sílabas com letra cursiva.

ha   he   hi   ho   hu

Ha   He   Hi   Ho   Hu

Língua Portuguesa

2 Leia atentamente cada palavra a seguir.

hoje	homem	Hélio	hiena
hélice	Helena	hálito	hipopótamo
Hugo	hora	holofote	humano

3 Complete as palavras com ha, he, hi, ho ou hu e copie-as.

a) ____lice

c) ____rpa

e) ____lena

b) ____lofote

d) ____go

f) ____ena

4 Separe as sílabas destas palavras.

a) hora _____

b) hábito _____

c) hino _____

d) horário _____

e) humano _____

f) Hugo _____

g) herói _____

h) hiena _____

Língua Portuguesa

5 Leia o texto e observe a imagem.

A hora da novidade

Hugo é um menino sapeca e muito sabido.
Ele é amigo de Hélio e de Helena.
Na hora da novidade, ele levou a fotografia do hipopótamo e da hiena.
Hélio falou:
— O hipopótamo é muito fofo!

6 Copie do texto todas as palavras que começam com **H, h**.

_____

_____

7 Ligue corretamente para formar frases de acordo com o texto.

- levado.

a) Hugo é um menino •
- bonito.
- sapeca.

- rato.

b) Hugo levou a fotografia de um •
- camelo.
- hipopótamo.

- leve.

c) Hélio falou:
— O hipopótamo é muito •
- fofo.
- bonito.

Língua Portuguesa

queijo

q	Q
q	*Q*

Vamos ouvir

Quico quebrou o queixo
Quando quis comer queijada
Queijada quebra queixo
Queijo quebra quando coalha

Rosinha. *ABC do trava-língua.*
São Paulo: Editora do Brasil, 2012. p. 20.

- Copie do texto todas as palavras com **Q, q**.

_____

_____

Atividades

1 Reescreva as sílabas com letra cursiva.

que _____   *qui* _____
Que _____   *Qui* _____

2 Leia atentamente cada palavra a seguir.

leque	quiabo	queijo	Quitéria
quibe	Roque	coqueiro	moleque
queda	queijada	líquido	caqui

3 Complete as palavras com *que* ou *qui* e copie-as.

a) ____ijo

c) ca____

e) co____iro

b) ra____te

d) ____be

f) le____

4 Separe as sílabas destas palavras e reescreva-as.

a) queda

b) quiabo

c) moleque

d) queijo

e) caqui

f) queixo

g) coqueiro

h) equipe

i) quilo

5 Leia o texto e observe a imagem.

O rato Roque

O rato Roque
roque roque
rói o queijo
roque roque

rói a cama
roque roque
o pé da mesa
roque roque [...]

Sérgio Caparelli. *Boi da cara preta*. 36. ed. Porto Alegre: L&PM, 2010. p. 52.

6 Complete as frases de acordo com o texto.

O rato _____

roque _____

rói o _____

roque roque _____

rói a _____

roque _____

o pé da _____

roque _____.

7 Responda às questões de acordo com o texto.

a) Qual é o nome do texto?

_____

b) O que o rato rói?

_____

k	K	w	W	y	Y
k	K	w	W	y	Y

kiwi

Vamos ouvir

K, W e Y
São letras novas
Em nosso alfabeto.
Kelly, Wilson e Yone
Já sei escrever.
Kauã, Wellington e Yuri
Vou agora aprender.

As autoras.

- No poema, sublinhe de verde as palavras com **K**, de vermelho as palavras com **W** e de azul as palavras com **Y**.

Atividades

1 Reescreva as letras com letra cursiva.

k _____ K _____

w _____ W _____

y _____ Y _____

Língua Portuguesa 83

2 Leia atentamente cada palavra a seguir.

| karaokê | kart | kiwi | ketchup |

| workshop | waffle | watt | windsurfe |

| yakisoba | yin-yang | Yan | Yasmin |

3 Complete o diagrama com o nome das marcas a seguir.

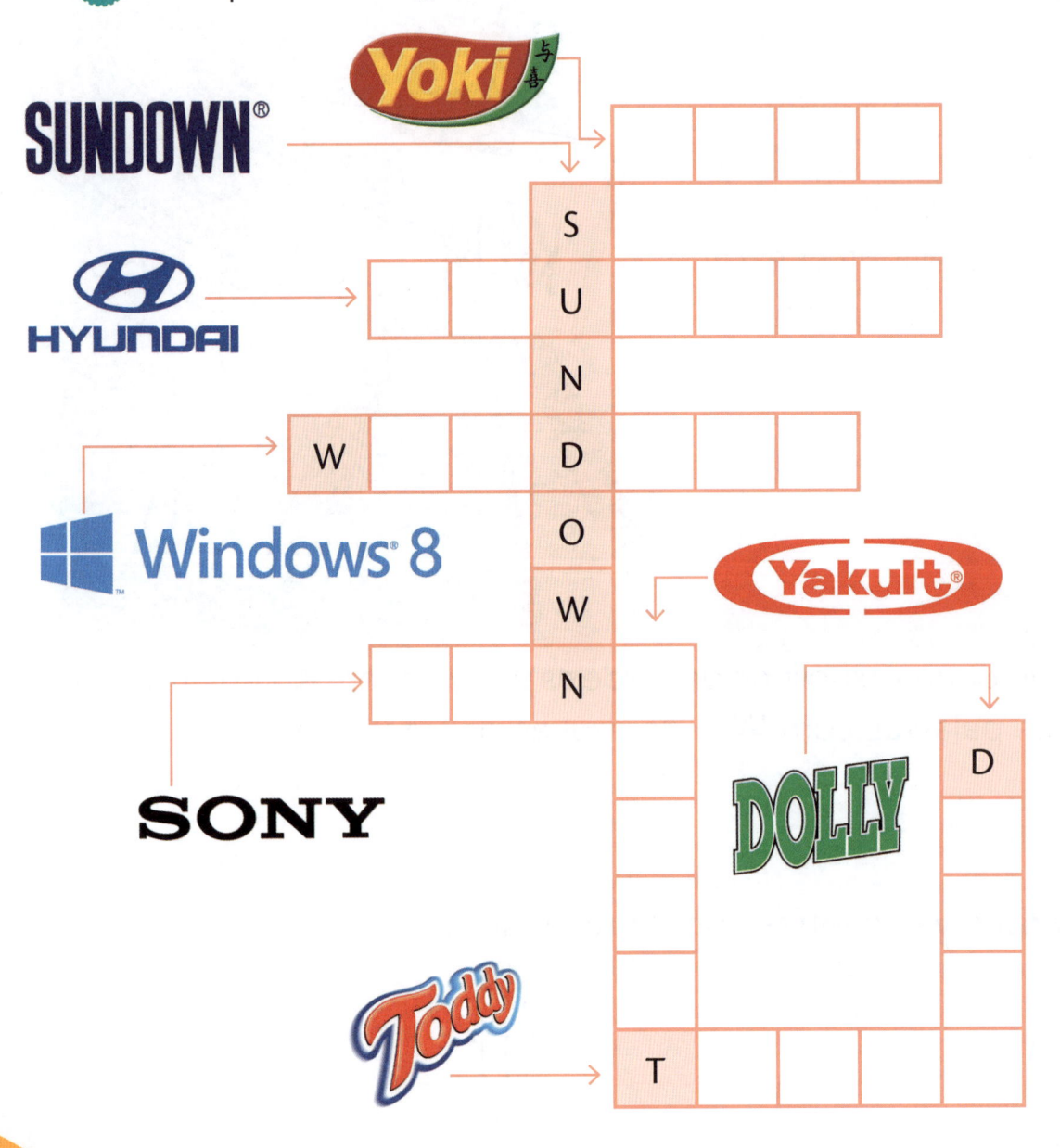

Vamos ouvir
O alfabeto

A, B, C, D,
E, F, G
As letras eu
Agora vou ler.
H, I, J, K
Também
Vou escrever.
L, M, N,
O, P, Q, R
Mais letrinhas
Para fazer.
S, T, U, V,
W, X, Y, Z
São 26 letras
Que eu acabo
de aprender.

Eliana Almeida

Atividades

1. Pinte de amarelo as vogais que aparecem na imagem e de vermelho as consoantes.

Língua Portuguesa

2 Complete, com letra cursiva, o alfabeto maiúsculo.

A - B - _____

_____

3 Complete, com letra cursiva, o alfabeto minúsculo.

a - b - _____

_____

4 Complete os nomes com letras maiúsculas, na ordem alfabética.

___nita	___úlia	___ueli
___eto	___elly	___adeu
___amila	___aís	___baldo
___avi	___ário	___ânia
___liana	___ina	___illiam
___abriana	___to	___isto
___uto	___aulo	___ara
___elena	___uitéria	___élia
___vo	___enato	

5 Escreva frases com palavras escritas com k, w ou y.

k _____

w _____

y _____

Língua Portuguesa

ce	Ce	ci	Ci
ce	Ce	ci	Ci

cebola

Vamos cantar

Ciranda, cirandinha

Ciranda, cirandinha
Vamos todos cirandar
Vamos dar a meia-volta
Volta e meia vamos dar.

O anel que tu me deste
Era vidro e se quebrou.
O amor que tu me tinhas
Era pouco e se acabou.

Cantiga.

- Copie da cantiga todas as palavras com **ce** e **ci**.

Atividades

1. Leia atentamente cada palavra a seguir.

macio	bacia	cego	cinema	Cibele
vacina	cebola	cevada	cigano	felicidade
Cecília	cidade	Célia	cela	você

Língua Portuguesa 87

2) Complete as palavras com *ca* ou *ci* e copie-as.

a) sa____

c) te____ do

e) ____dade

b) do____

d) ba____ a

f) capa____ te

3) Leia as palavras a seguir e copie-as na coluna correta.

cigana   doce   cabelo   cama
óculos   coqueiro cutia   bacia
Camila   cueca   sacola   cela
copo   cinema   cego

ca	ce	ci	co	cu

Língua Portuguesa

4 Leia e observe a imagem.

A sopa de cebola

Cibele toma sopa de cebola com Célio.
Célio é amigo de Cibele.
Mamãe Celina colocou tomate e batata-doce na sopa.
Célio falou:
— A sopa é boa e tem vitaminas.

5 Circule no texto as palavras com **ce** e **ci**.

6 Escreva o nome do texto.

_____

7 Escreva os nomes com **Ce** e **Ci**.

_____

8 Complete as frases de acordo com o texto.

_____ toma sopa de _____ com _____.

_____ é amigo de _____.

Mamãe _____ colocou tomate e batata-doce na _____.

Célio falou:
— A _____ é boa e tem vitaminas.

Língua Portuguesa

ge	Ge	gi	Gi
ge	*Ge*	*gi*	*Gi*

gelatina

Vamos ouvir

Gina é uma gracinha de gata.
Um gole de guaraná com gengibre faz
a gatinha Gina gemer e gaguejar.
Outra gamação da Gina é Gil,
um gato gaitista genial.
Uma vez, o Gil deu um grande
girassol à sua gatinha.
Gina gemeu e gaguejou tanto
que até ficou gripada
(e nem foi gripe de garoa,
foi mesmo gripe de gamação).

Jonas Ribeiro. *Alfabético, almanaque do alfabeto poético.* São Paulo: Editora do Brasil, 2015. p. 29.

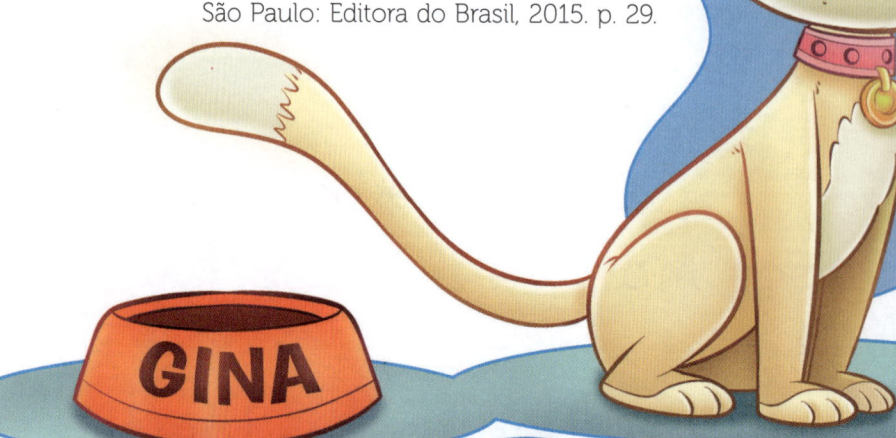

- Circule no poema todas as palavras com **ge**, **gi**, **Ge** ou **Gi**.

Atividades

1 Leia atentamente cada palavra a seguir.

mágico	regime	gilete	gelado	gibi
geleia	Gina	tigela	gelatina	gemido
página	gelo	colégio	geada	mugido

2 Complete as palavras com *ge* ou *gi* e copie-as.

a) _____ ma

c) _____ leia

e) ti _____ la

b) _____ bi

d) reló _____ o

f) má _____ co

3 Ordene as palavras de acordo com os números e escreva as frases formadas.

a) 2 tomou   4 gelada.   1 Gina   3 gemada

b) 5 mugido.   2 vaca   3 deu   1 A   4 um

4 Leia o texto e observe a imagem.

A gelatina de Gina

Gina é uma menina que ajuda muito a mãe.
Ela colocou a gelatina na tigela.
Gina deu a gelatina gelada a Gegê.
Gegê é o vigia do colégio de Gina.
Ele amou a gelatina.

5 Ligue corretamente para formar frases de acordo com o texto.

a) Gina ajuda muito a
- avó.
- tia.
- mãe.

b) Ela colocou a gelatina na
- bacia.
- tigela.
- cuia.

c) Gina deu
- a gemada a Gegê.
- o gelo a Gegê.
- a gelatina a Gegê.

Maria

Vamos ouvir

Maria Madeira

Aonde vai Maria Madeira,
Sentadinha na sua cadeira,
Fiando seu algodão,
Pela casa do capitão?

O capitão não estava aí,
Ora, demos com ela no chão,
Ora, demos com ela no chão.

É de rin-fin-fin,
É de rin-fon-fon,
É de cor de limão,
De Nossa Senhora
Da Conceição.

Cantiga.

- Circule na cantiga todas as palavras com **r** entre vogais e copie-as.

Atividades

1. Leia atentamente cada palavra a seguir.

Maria	muro	barata	sereno	diário
careta	peruca	carioca	girafa	coração
farofa	cereja	urubu	curativo	coreto

Língua Portuguesa

2 Complete as palavras com ra, re, ri, ro ou ru e copie-as.

a) cenou___

b) pe___

c) co___ja

d) ce___ja

e) co___to

f) ba___ta

3 Coloque a ou o antes das palavras a seguir.

a) ___ pirulito
b) ___ cadeira
c) ___ madeira
d) ___ careca
e) ___ peru
f) ___ arara
g) ___ marido
h) ___ Cícero
i) ___ barata
j) ___ coroa
k) ___ urubu
l) ___ cenoura
m) ___ peneira
n) ___ Mariana
o) ___ fera
p) ___ touro

4 Leia o texto e observe a imagem.

A arara

Vovô Ari deu uma arara à Maria.
A arara é bonita e colorida.
Ela fugiu para o muro e vovô foi pegá-la.
A arara bicou a careca do vovô.
Maria colocou remédio e curativo na ferida do vovô.
O vovô riu muito.

5 Escreva:

a) o nome do texto; _____

b) os nomes de pessoas que aparecem no texto.

_____

6 Numere as frases de acordo com a sequência dos fatos no texto.

☐ Ela fugiu para o muro.

☐ Vovô foi pegá-la.

☐ Vovô Ari deu uma arara à Maria.

☐ A arara é bonita e colorida.

☐ A arara bicou a careca do vovô.

☐ Vovô riu muito.

carro

Vamos ouvir

João-de-barro

Já pensou
Se alguém
Colocar rodinhas
Na casinha dele?

Aí, joão-de-barro
Passa a se chamar
João-de-carro!

Lalau e Laurabeatriz. *Zum-zum-zum e outras poesias.*
São Paulo: Companhia das Letrinhas, 2007. p. 26.

- Circule no poema todas as palavras com **rr** e copie-as.

Atividades

1 Leia atentamente cada palavra a seguir.

carro	terra	varre	bezerro	burro
barraca	garrafa	correio	barro	beterraba
torrada	jarro	socorro	ferradura	terreno

Língua Portuguesa

2 Complete as palavras com *rr* e copie-as.

a) bete____aba c) ga____afa e) bu____o

_____ _____ _____

b) ca____uagem d) to____ada f) se____ote

_____ _____ _____

3 Separe as sílabas destas palavras. Observe os exemplos.

a) carreta __car-re-ta__   careta __ca-re-ta__

b) torra _____   tora _____

c) murro _____   muro _____

d) forra _____   fora _____

e) carro _____   caro _____

f) mirra _____   mira _____

g) morro _____   moro _____

- Observe a maneira de separar as sílabas das palavras acima. O que se pode concluir?

_____

Língua Portuguesa

4 Leia o texto e observe a imagem.

No barraco do carrapato

[...]

— Burro, sabe como se vai até o barraco do carrapato? Me leva lá...

— Sei — falou o burro.

— Sobe no meu carro e eu corro. Subo a serra e vou ao morro. [...]

— Mico Maneco, cadê meu sapato?

— Ficou sujo de barro, no meio da terra, no barraco do Carrapato.

Ana Maria Machado e Claudius. *No barraco do carrapato*. São Paulo: Salamandra, 1988. p. 3, 5, 17.

5 Responda:

a) Qual é o nome do texto?

_____

b) Quais são os animais que estão conversando?

_____

c) O que aconteceu com o sapato?

_____

d) Aonde eles pretendem chegar?

_____

e) Onde fica o barraco do carrapato?

_____

6 Circule no texto todas as palavras com **rr** e copie-as.

_____

_____

| nha | nhe | nhi | nho | nhu |
| nha | nhe | nhi | nho | nhu |

| Nha | Nhe | Nhi | Nho | Nhu |
| Nha | Nhe | Nhi | Nho | Nhu |

gali nha

Vamos ouvir

Filó, a joaninha, acordou cedinho. Abriu a janela de sua casa e disse:

— Que lindo dia! Vou aproveitar para visitar minha tia.

— Alô, tia Matilde? Posso ir aí, hoje?

— Venha, sim, Filozinha. Vou fazer um suflê de abobrinha.

Nye Ribeiro. *De bem com a vida*. São Paulo: Editora do Brasil, 2012. p. 4-5.

- Circule no texto todas as palavras com **nh**.

Atividades

1 Leia atentamente cada palavra a seguir.

galinha	cegonha	sonho	linha
dinheiro	rainha	aranha	ranhura
pinheiro	caminhão	cozinha	farinha
vizinho	banheiro	gafanhoto	desenho

Língua Portuguesa

2 Complete as palavras com **nha, nhe, nhi, nho** ou **nhu** e copie-as.

a) gali____    c) ni____    e) joani____

b) u____    d) mi____ca    f) rai____

3 Ligue as palavras iguais e copie-as.

a) linho • • pinheiro
b) rainha • • minhoca
c) lenha • • cegonha
d) unha • • caminhão
e) pinheiro • • linho
f) cegonha • • unha
g) minhoca • • lenha
h) caminhão • • rainha
i) farinha • • farinha

Língua Portuguesa

4 Leia o texto e observe a imagem.

A galinha de Aninha

Aninha ganhou uma galinha.
Ela é fofinha, de penas macias e amarelinhas.
Toda manhã, a galinha bota um ovo no ninho.
O ovo da galinha da Aninha é para a vovozinha.

5 Numere as frases de acordo com a sequência dos fatos no texto.

☐ Toda manhã, a galinha bota um ovo no ninho.

☐ Aninha ganhou uma galinha.

☐ O ovo é para a vovozinha.

☐ Ela é fofinha, de penas macias e amarelinhas.

6 Responda às questões de acordo com o texto.

a) O que Aninha ganhou?
_____

b) Como é a galinha de Aninha?
_____

Língua Portuguesa

7 Separe as sílabas e escreva o número de sílabas de cada palavra.

a) cegonha _____

b) pinheiro _____

c) unha _____

d) linha _____

e) banheiro _____

f) cozinheiro _____

8 Siga o exemplo.

a) sapato — *sapatinho*

b) faca

c) coco

d) macaco

e) vaca

f) gato

g) sapo

h) pato

i) ovo

an	en	in	on	un
an	*en*	*in*	*on*	*un*

An	En	In	On	Un
An	*En*	*In*	*On*	*Un*

anjo

Vamos ouvir

Hoje é domingo
Pede cachimbo
O cachimbo é de barro
Bate no jarro
O jarro é de ouro
Bate no touro
O touro é valente
Bate na gente
A gente é fraco
Cai no buraco
O buraco é fundo
Acabou-se o mundo.

Parlenda.

- Circule na parlenda todas as palavras com **an**, **en**, **in**, **on** e **un**.

Atividades

1 Leia atentamente cada palavra a seguir.

banda	santa	sanfona	laranja	monte
dente	Ângela	índio	semente	fonte
pente	bandeira	mundo	canta	inseto

Língua Portuguesa

2 Complete as palavras com *an*, *en*, *in*, *on* e *un* e copie-as.

a) c___to (cinto)

c) t___ta (tinta)

e) elef___te (elefante)

b) p___te (pente)

d) p___te (ponte)

f) b___deira (bandeira)

3 Encontre as palavras a seguir no diagrama e copie-as com letra cursiva.

a) canguru
b) dente
c) pingo
d) tamanduá
e) panda
f) mundo
g) onze
h) bandeja
i) morango

T	M	C	O	N	Z	E	X	P
H	P	S	Q	T	R	S	H	A
C	I	Z	W	A	Y	M	D	N
D	N	R	X	M	F	B	H	D
X	G	C	G	A	N	A	R	A
T	O	F	T	N	U	N	K	L
D	M	U	N	D	O	D	V	Z
E	C	D	F	U	G	E	I	X
N	L	O	P	Á	Y	J	T	V
T	H	J	L	M	R	A	K	L
E	Z	C	A	N	G	U	R	U
Y	M	O	R	A	N	G	O	N

104 Língua Portuguesa

4 Separe as sílabas e escreva o número de sílabas de cada palavra.

a) fazenda _____

b) sunga _____

c) elefante _____

d) anjo _____

e) enxada _____

5 Copie as frases substituindo as figuras pelos nomes.

a) A 🩳 e o 👔 são de Antônio.

_____

b) O 🧑 tomou suco de 🍊.

_____

6 Siga o exemplo.

a) dente — dentinho

b) fazenda _____

c) sanfona _____

d) vento _____

e) anjo _____

f) onda _____

7 Leia o texto e observe a imagem.

O anjo

Hoje Ângela sonhou que era um anjo. Um anjo bonzinho, de pele corada. Um anjo que voava pelo mundo, que levava consigo a felicidade e nunca se cansava.

8 Complete de acordo com o texto.

Hoje _____ sonhou que era um _____.
Um anjo _____, de pele corada.
Um anjo que voava pelo _____,
que _____ consigo a felicidade e _____ se _____.

9 Responda às questões de acordo com o texto.

a) O que Ângela sonhou?

_____

b) Como era o anjo?

_____

c) O que o anjo levava consigo?

_____

d) Dê sua opinião sobre o anjo.

_____

Língua Portuguesa

am	em	im	om	um
am	em	im	om	um

Am	Em	Im	Om	Um
Am	Em	Im	Om	Um

bumbo

Vamos cantar

Peixe vivo

Como pode um peixe vivo
Viver fora da água fria?

Como poderei viver?
Como poderei viver?

Sem a tua, sem a tua,
Sem a tua companhia.

Os pastores desta aldeia
Já me fazem zombaria.

Por me verem assim chorando,
Por me verem assim chorando

Sem a tua, sem a tua,
Sem a tua companhia.

Cantiga.

- Circule na cantiga todas as palavras com **am**, **em**, **im**, **om** e **um**.

Língua Portuguesa

Atividades

1 Leia atentamente cada palavra a seguir.

empada	tampa	homem	capim	umbigo
pomba	samba	bambu	bom	tempero
bomba	campo	Olímpio	lâmpada	amendoim

2 Complete as palavras com *am*, *em*, *im*, *om* ou *um* e copie-as.

a) bomb____

c) b____bo

e) p____bo

b) l____pada

d) ____pada

f) t____bor

3 Separe as sílabas destas palavras.

a) zumbido _____

b) jambo _____

c) umbigo _____

d) samba _____

e) garagem _____

f) capim _____

g) combate _____

h) ambulância _____

108 Língua Portuguesa

4 Complete as palavras com m ou n e leia-as.

a) ba___deira
b) te___pero
c) vara___da
d) bo___beiro
e) po___te
f) te___po
g) ba___bu
h) o___tem
i) ca___po
j) li___do
k) mu___do
l) nuve___

5 Copie as frases substituindo as figuras pelo nome.

a) Ângela come ____.

b) Olímpio toca ____ e ____.

6 Siga o exemplo.

a) o bombom — os bombons

b) o homem

c) o patim

d) a nuvem

e) o cupim

7 Leia o texto e observe a imagem.

O bumbo

No colégio de Olímpio há uma banda.
Olímpio é o amigo bamba de Serafim.
Serafim toca bumbo na banda do colégio.
No jardim do colégio a banda toca samba e todos cantam.

8 Circule no texto todas as palavras com **am**, **em**, **im**, **om** e **um** e copie-as.

_____

_____

9 Responda às questões.

a) Qual é o nome do texto?

_____

b) Quais nomes de pessoas aparecem no texto?

_____

c) Quem toca na banda?

_____

d) Que instrumento ele toca na banda?

_____

Língua Portuguesa

qua	Qua	quo	Quo
qua	Qua	quo	Quo

aquarela

Vamos cantar

Aquarela

Numa folha qualquer eu desenho um sol amarelo

E com cinco ou seis retas é fácil fazer um castelo.

Corro o lápis em torno da mão e me dou uma luva,

E se faço chover, com dois riscos tenho um guarda--chuva.

Se um pinguinho de tinta cai num pedacinho azul do papel,

Num instante imagino uma linda gaivota a voar no céu. [...]

Toquinho, Vinicius de Moraes, Guido Morra, Maurizio Fabrizio. © By Universal MUS PUB MGB Brasil Ltda./Tonga Edições Musicais/SIAE/UBC/Dubas Música Ltda.

Atividades

1 Leia atentamente cada palavra a seguir.

taquara	aquoso	quati	qualidade	aquático
aquário	quarenta	aquarela	qualificado	Equador
quatro	quociente	quase	quantia	quota

Língua Portuguesa

2 Leia as palavras e copie-as.

a) aquarela   c) quarenta   e) aquário

b) quadrado   d) quati   f) quadro

3 Complete as palavras com **qua** ou **quo**.

a) a____rela   d) a____rio
b) ____ta   e) ta____ra
c) ____ciente   f) a____tico

4 Separe as sílabas destas palavras.

a) taquara _____   g) Equador _____
b) aquário _____   h) qualidade _____
c) quanto _____   i) aquarela _____
d) quota _____   j) quarenta _____
e) quati _____   k) aquoso _____
f) quase _____   l) quando _____

112 Língua Portuguesa

5 Leia o texto e observe a imagem.

A aquarela

Quênia ganhou uma aquarela e uma tela.
Ela coloriu a tela com tintas da aquarela.
Na tela há um aquário com um peixinho amarelo.
A tela ficou bonita e de boa qualidade.

6 Complete as frases de acordo com o texto.

_____ ganhou uma _____ e uma _____.

Ela _____ a tela com tintas da _____.

Na tela há um _____ com um _____ amarelo.

A _____ ficou _____ e de boa _____.

7 Leia novamente o texto e ligue as palavras corretamente.

a) tela • • amarelo

b) peixinho • • bonita

c) boa • • qualidade

lha	lhe	lhi	lho	lhu
lha	lhe	lhi	lho	lhu

Lha	Lhe	Lhi	Lho	Lhu
Lha	Lhe	Lhi	Lho	Lhu

coe**lh**o

Vamos ouvir

Se um dia me der na telha

Se um dia me der na telha
eu frito a fruta na grelha
eu ponho a fralda na velha
eu como a crista do frango
eu cruzo zebu com abelha
eu fujo junto com Amélia
se um dia me der na telha.

© Ciça Alves Pinto. (Ciça. *Travatrovas*. Rio de Janeiro: Nova Fronteira, 1993. p. 22.)

- Circule na trovinha as palavras com **lh** e copie-as.

Atividades

1 Leia atentamente cada palavra a seguir.

alho	velhice	repolho	agulha	barulho
abelhudo	folha	bilhete	malhado	orelha
palha	ovelha	julho	calha	ramalhete

Língua Portuguesa

2 Complete as palavras com *lha, lhe, lhi, lho* ou *lhu* e copie-as.

a) ___ma

b) coe___

c) repo___

d) ore___

e) rama___te

f) pa___ço

3 Junte as sílabas e escreva com letra cursiva as palavras formadas.

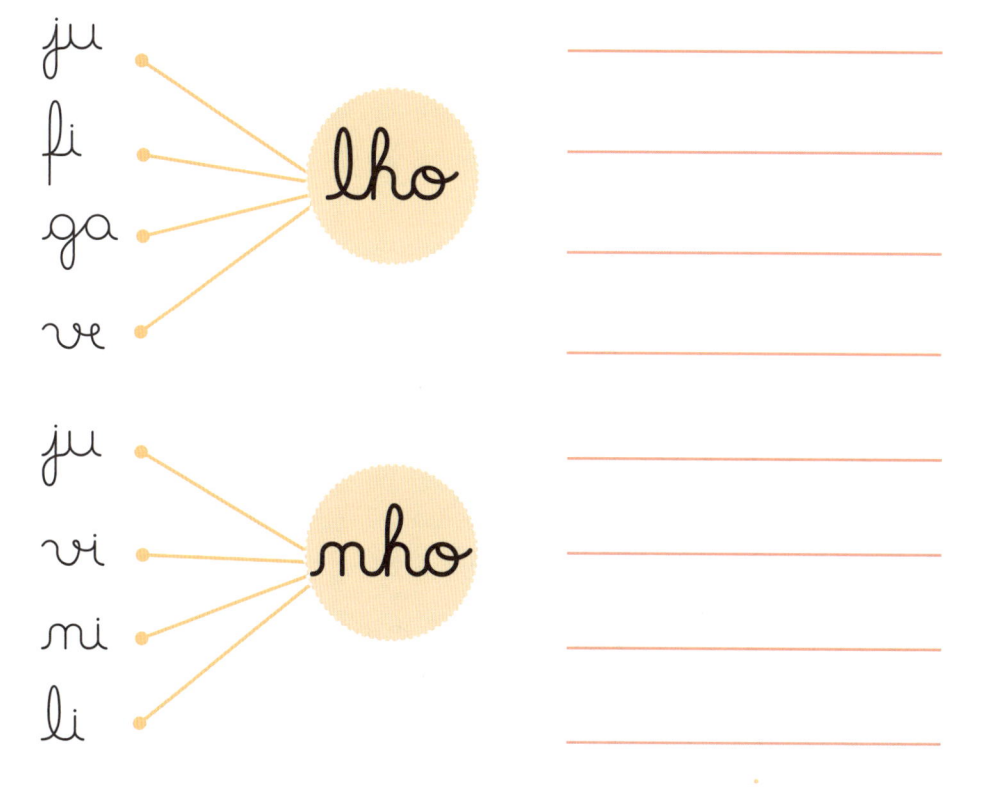

ju, fi, ga, ve → lho

ju, vi, mi, li → nho

4 Leia o texto e observe a imagem.

Qual é a lei?

[...]
A mala tem malha.
A fala tem a falha.
Mas
a bala não tem balha,
a sala não tem salha.
Você inventa alguma coisa
pra palavra balha?
Você inventa alguma coisa
pra palavra salha?

Você inventa o quê?

Texto gentilmente cedido pelo autor Alcides Buss.
Alcides Buss é autor dos livros A *poesia do ABC* e *Pomar de palavras*, ambos infantis.

5 Complete as frases de acordo com o poema e responda oralmente às perguntas que ele faz.

A mala tem _____.
A fala tem _____.
Mas
a _____ não tem _____,
a _____ não tem _____.
Você inventa alguma coisa
pra palavra balha?
Você inventa alguma coisa
pra palavra salha?

116 Língua Portuguesa

6 Utilize a letra *h* para formar novas palavras e copie-as. Siga o exemplo.

a) vela _____velha_____

b) tela _____

c) mala _____

d) galo _____

e) fila _____

f) mola _____

g) bola _____

h) rola _____

i) fala _____

7 Siga o exemplo.

a) a folha
as folhas

b) a abelha
as _____

c) a telha
as _____

d) o milho
os _____

e) o joelho
os _____

f) o repolho
os _____

casa

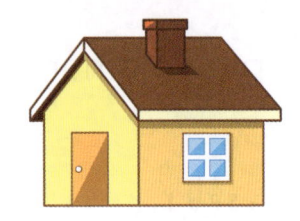

Vamos ouvir

A casa e o seu dono

Essa casa é de caco
quem mora nela é o macaco.

Essa casa é tão bonita
quem mora nela é a _____.

Essa casa é de cimento
quem mora nela é o _____.

Essa casa é de telha
quem mora nela é a _____.

Essa casa é elegante
quem mora nela é o _____.

Essa casa, bela obra,
quem mora nela é a _____.

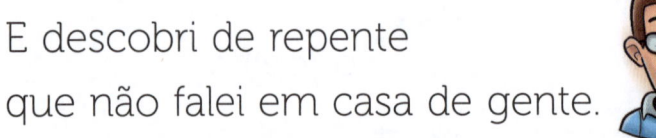

E descobri de repente
que não falei em casa de gente.

Elias José. *Lua no brejo com novas trovas*. Porto Alegre: Projeto, 2007. p. 26.

- Complete o poema com o nome dos animais. Depois, copie-os a seguir.

_____

_____

Atividades

1 Leia atentamente cada palavra a seguir.

asa	camisa	rosa	desenho	televisão
Neusa	vaso	música	tesoura	sorriso
Josué	guloso	asilo	gasolina	visita

2 Escreva o nome das figuras.

a) _____   c) _____   e) _____

b) _____   d) _____   f) _____

3 Junte as sílabas e escreva com letra cursiva as palavras formadas.

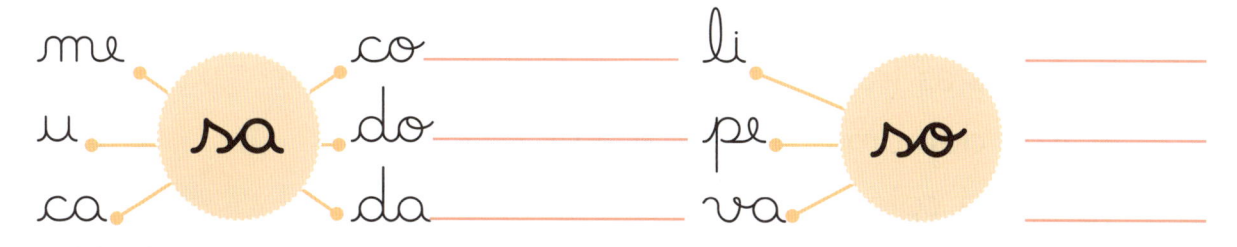

me   co _____   li _____
u   sa do _____   pe so _____
ca   da _____   va   _____

4 Separe as sílabas destas palavras.

a) besouro _____   c) asilo _____

b) José _____   d) fantasia _____

Língua Portuguesa

5 Leia o texto e observe a imagem.

A visita

Neusa recebeu a visita de Elisa em sua casa.

Elisa deu uma rosa amarela a Neusa, que a colocou no vaso.

O vaso ficou pesado por causa da água e quase caiu.

Neusa colocou o vaso na mesa com cuidado.

Ufa! Que alívio!

6 Ligue corretamente para formar frases de acordo com o texto.

a) Neusa recebeu a visita de •

- • Marisa.
- • Isa.
- • Elisa.

b) Elisa levou uma •

- • rosa.
- • mesa.
- • asa.

7 Sublinhe as frases que estão de acordo com o texto.

a) Elza deu uma rosa amarela.
b) Neusa colocou a rosa no vaso.
c) Neusa colocou a rosa no bule.
d) O vaso ficou leve.
e) O vaso ficou pesado.
f) Neusa colocou o vaso na mesa.

pássaro

Vamos ouvir

Passa, passa

Passa, passa
Passará.
Meu sonho
também vai passar?

Passa o tempo
passa o vento.
Passa a praça
vai a passo
que esse é o jeito de chegar.
Passa a roupa
que essa já é de passar.
Passa o pássaro
que esse já sabe voar.

Passa, passa
passará.
Passa gado, passa gente
o carteiro
passa urgente.
O burrinho
é vagaroso
vai passando de teimoso.

Passa, passa
tudo passa.
O que é mesmo
que não passa?

Dilan Camargo. *O vampiro Argemiro*. Porto Alegre: Projeto, 1993. p. 16. (Col. Rima-Rima Rimador).

■ Circule no poema todas as palavras com **ss** e copie-as.

Atividades

1 Leia atentamente cada palavra a seguir.

osso	assadeira	passado	vassoura	pássaro
pêssego	gesso	missa	passeio	Larissa
assobia	tosse	assunto	sussurro	tossia

2 Complete as palavras com *ss* e copie-as.

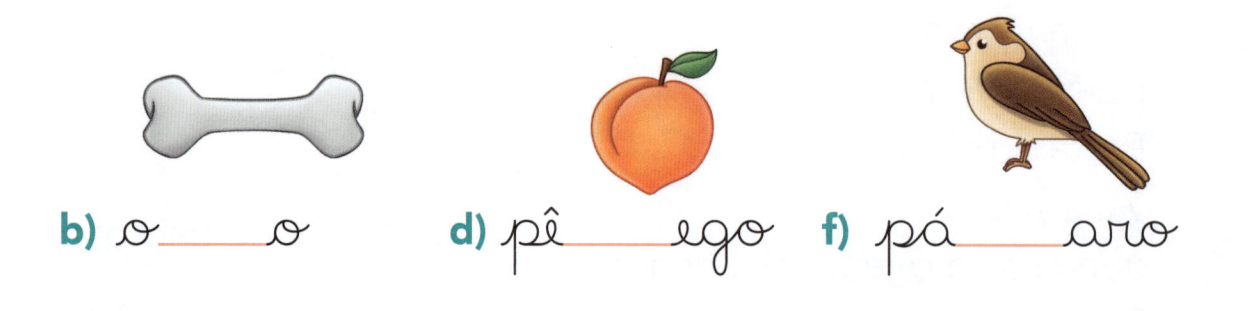

a) a___ado

b) o___o

c) bú___ola

d) pê___ego

e) va___oura

f) pá___aro

3 Coloque *a* ou *o* antes das palavras a seguir.

a) ___ mesa

b) ___ pêssego

c) ___ sorriso

d) ___ osso

e) ___ massa

f) ___ rosa

g) ___ dinossauro

h) ___ assadeira

i) ___ russo

j) ___ bússola

122 Língua Portuguesa

4 Leia o texto e observe a imagem.

O pássaro

Larissa viu um pássaro no jardim da casa do tio Cássio.

O pássaro tinha caído da árvore e estava quieto e encolhidinho.

Tinha a asinha machucada. Larissa falou:

— Tio Cássio, o pássaro caiu!

Eles cuidaram do passarinho até ele sarar.

Depois ele voou e saudou-os com uma bela canção.

5 Circule no texto todas as palavras com **ss**.

6 Responda às questões de acordo com o texto.

a) Qual é o nome do texto?

b) O que Larissa viu?

c) O que tinha acontecido com o pássaro?

d) Quem cuidou do pássaro?

e) O que aconteceu quando ele sarou?

7 Escreva o nome das figuras.

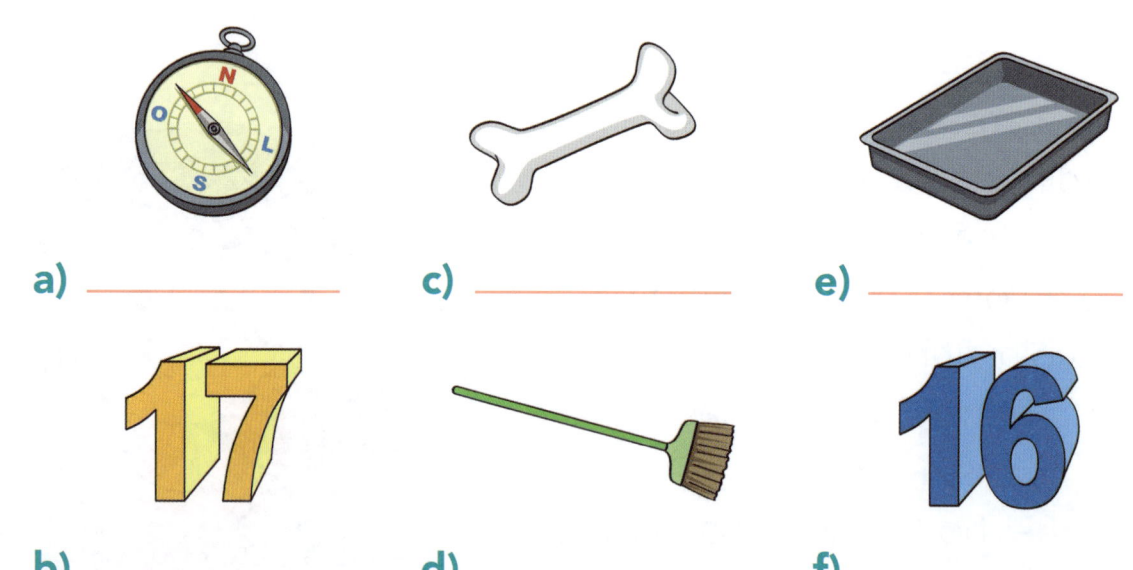

a) _____ c) _____ e) _____

b) _____ d) _____ f) _____

8 Separe as sílabas e escreva o número de sílabas de cada palavra. Depois, reescreva-a. Siga o exemplo.

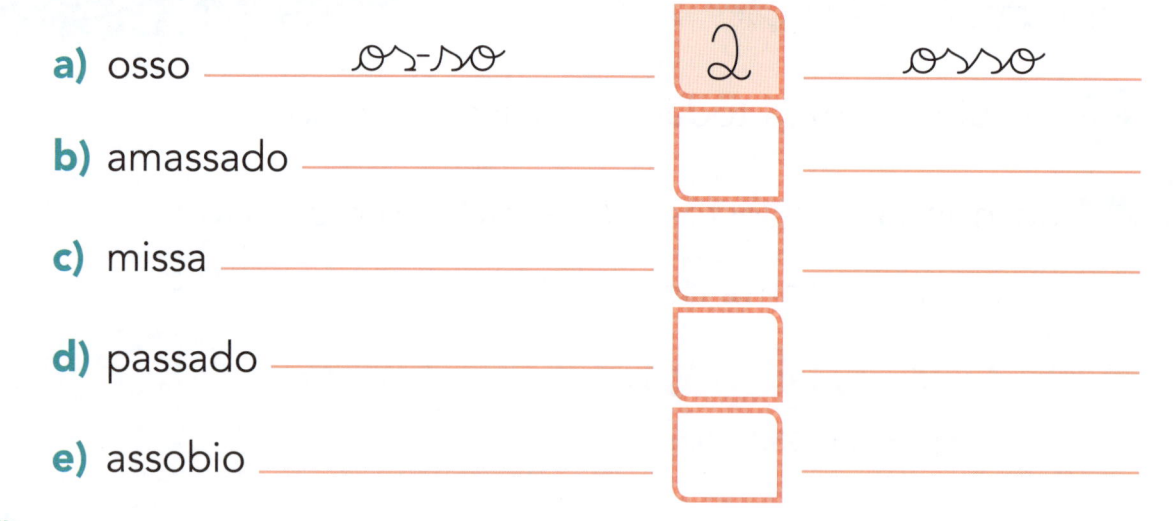

a) osso ___os-so___ [2] ___osso___

b) amassado _____ [ ] _____

c) missa _____ [ ] _____

d) passado _____ [ ] _____

e) assobio _____ [ ] _____

9 Complete as palavras com s ou ss. Atenção: não se usa ss no começo das palavras.

a) a___ado   d) Eli___a   g) pê___ego

b) ___apato   e) ro___a   h) va___oura

c) ___acola   f) o___o   i) a___adeira

al	el	il	ol	ul
al	*el*	*il*	*ol*	*ul*

Al	El	Il	Ol	Ul
Al	*El*	*Il*	*Ol*	*Ul*

girassol

Vamos ouvir

Heitor era um menino
que trazia sempre no bolso
folhas de papel
e uma caneta azul.
Quando passeava pela rua,
voltando da escola,
ia anotando
palavras dos luminosos de
propaganda,
cartazes e placas. [...]
No primeiro dia
juntou

amarelo
caramelo
alfinete
sorvete

anzol
jornal
barril
anil [...]

Jussara Braga. *Pirata de palavras*. São Paulo: Editora do Brasil, 2006. p. 2, 3 e 6.

- Circule no poema todas as palavras com as sílabas **al**, **el**, **il**, **ol** e **ul**.

Língua Portuguesa

Atividades

1 Leia atentamente cada palavra a seguir.

pulga	alfinete	soldado	Selma	mel
funil	balde	Alda	palmeira	sal
salgado	maldade	papel	anel	carretel

2 Complete as palavras com *al*, *el*, *il*, *ol* ou *ul* e copie-as.

a) ___finete

b) ___mofada

c) p___meira

d) carret___

e) s___dado

f) girass___

g) an___

h) fun___

i) az___

3 Leia o texto e observe a imagem.

Selma e o girassol

Selma tem um lindo girassol no quintal de sua casa.

De manhã, quando o sol aparece no céu azul anil, o girassol gira como um carrossel.

À noitinha, quando o sol já foi embora, o girassol para de girar o seu lindo carrossel.

Selma volta ao quintal e dá boa-noite ao girassol.

4 Complete as frases de acordo com o texto.

_____ tem um lindo _____ no _____ de sua casa. De manhã, quando o _____ aparece no céu _____ anil, o _____ gira como um _____.

5 Responda às questões de acordo com o texto.

a) O que Selma tem no quintal de sua casa?
_____

b) O que faz o girassol?
_____

c) Para que Selma volta, à noitinha, ao quintal?
_____

ça	ço	çu
ça	ço	çu

palhaço

Vamos ouvir

Uma pulga na balança
Deu um pulo, foi à França.
Ela pula, ela dança
Na barriga da criança.

Cantiga.

- Circule na cantiga todas as palavras com **ç** e copie-as.

_____

_____

Atividades

1. Leia atentamente cada palavra a seguir.

moça	balança	caçada	açude	carroça
cabeça	caçula	taça	poço	paçoca
açúcar	laço	Ciça	pedaço	fumaça

Língua Portuguesa

2 Leia as palavras do quadro e copie-as abaixo da imagem correspondente.

taça – poço – laço – carroça – balança – fumaça

a) _____ c) _____ e) _____

b) _____ d) _____ f) _____

3 Separe as sílabas destas palavras.

a) balanço _____   g) roça _____

b) bagaço _____   h) lenço _____

c) caroço _____   i) aço _____

d) paçoca _____   j) coração _____

e) palhaço _____   k) taça _____

f) atenção _____   l) doçura _____

4 Complete as palavras com ça, ço, çu.

a) lou____   e) ca____la   i) peda____

b) dan____   f) a____de   j) carro____

c) ci____   g) mo____   k) crian____

d) ou____   h) a____car   l) almo____

Língua Portuguesa 129

5 Leia o texto e observe a imagem.

O palhaço Sanhaço

No circo, é um só coro.
No circo, é um só berro:
é ouro, é ouro, é ouro,
é ferro, é ferro, é ferro,
é aço, é aço, é aço.
Ninguém pode com o Sanhaço!

E o palhaço Sanhaço
leva cada tombaço
de quebrar o espinhaço.

E o Sanhaço não se cansa
e pula e cai na dança.
E diz cada besteira!...
Sanhaço vira criança
e não há criança
que não caia na brincadeira. [...]

Elias José. *Namorinho de portão*. 2. ed. Ilustrações de Avelino Guedes.
São Paulo: Moderna, 2002. p. 22. (Coleção Girassol).

6 Responda às questões de acordo com o texto.

a) Qual é o nome do poema?

b) Qual é o nome do autor do poema?

c) Quais são as palavras do texto que rimam com Sanhaço?

7 Circule no texto todas as palavras com **ç**.

ã	ão	ãe	õe
ã	ão	ãe	õe

pão

Vamos cantar

Barata mentirosa

A barata diz que come
Frango, arroz e macarrão
É mentira da barata
Ela só come feijão
Lá, lá, lá, lá, lá, lá, lá, lá
Ela só come feijão

A barata diz que tem
Carro, moto e avião
É mentira da barata
Ela só tem caminhão
Lá, lá, lá, lá, lá, lá, lá, lá
Ela só tem caminhão.

A barata diz que toca
Violino e violão
É mentira da barata
Ela toca rabecão
Lá, lá, lá, lá, lá, lá, lá, lá
Ela toca rabecão

Yorrana Plinta.

- Circule na cantiga todas as palavras com **ão** e copie-as.

Língua Portuguesa 131

Atividades

1 Leia atentamente cada palavra a seguir.

lã	cães	Adão	anões	romã
fã	avelã	feijão	mamão	manhã
rã	João	botões	mãe	avião

2 Leia as palavras e copie-as em letra cursiva.

a) limão

c) mamãe

e) pavão

b) coração

d) rã

f) violão

3 Separe as sílabas destas palavras.

a) mamão _____

b) limão _____

c) anão _____

d) Tião _____

e) gavião _____

f) botão _____

g) avelã _____

h) pão _____

i) coração _____

j) lição _____

132 Língua Portuguesa

4 Leia o texto e observe a imagem.

São João

É noite de São João.
Todos estão animados.
A meninada toma suco de melão.
Adultos tomam quentão e soltam rojão.
Tião olha para Ceição e toca uma bela canção.
É noite de São João!

5 Circule no texto todas as palavras com ~.

6 Complete as frases de acordo com o texto.

É noite de São _____.
Todos estão animados.
A _____ toma suco de _____.
Adultos tomam _____ e soltam rojão.

7 Responda às questões de acordo com o texto.

a) Qual é nome do texto? _____

b) O que a meninada faz? _____

c) O que Tião toca? _____

d) Qual é a noite festejada? _____

Língua Portuguesa

8 Complete as tabelas de acordo com os exemplos.

ã	ãs
romã	romãs
rã	
maçã	
avelã	

ão	ões
botão	botões
anão	
limão	
coração	

ão	ãos
mão	mãos
irmão	
artesão	
cidadão	

ão	ães
cão	cães
pão	
alemão	
capitão	

Língua Portuguesa

gua	Gua	guo	Guo
gua	Gua	guo	Guo

jaguatirica

Vamos ouvir

As sardas de Dora

Dora que adora
Sorvete de pistache
Tem sardas no rosto,
Tem sardas de guache
E um brilho nos olhos
De cor abacate.

As sardas de Dora,
De água-marinha,
São sardas pequenas,
São sardas, sardinhas
Que nadam no rosto
Iguais a tainhas.

Sérgio Capparelli. *111 poemas para crianças.*
12. ed. Porto Alegre: L&PM, 2009. p. 50.

■ Circule no poema as palavras com **gua** e copie-as.

Atividades

1 Leia atentamente cada palavra a seguir.

régua	guarda	língua	égua	enxaguou
guaraná	guache	jaguar	água	enxaguar
guarani	ambíguo	averiguo	águo	desaguou

2 Leia as palavras e copie-as em letra cursiva.

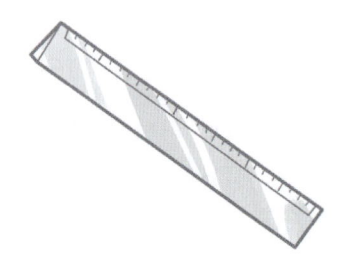

a) égua

c) guaraná

e) régua

b) guarda

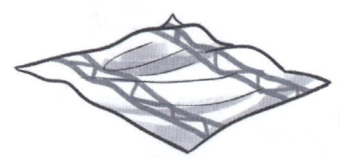

d) guardanapo

f) jaguar

3 Separe as sílabas destas palavras.

a) aguapé _____   e) guará _____

b) guarani _____   f) guaiamum _____

c) aguaceiro _____   g) igualdade _____

d) água _____   h) enxáguo _____

Língua Portuguesa

4) Leia o texto e observe a imagem.

Linguado

Tia Guaraci viu um peixe linguado na peixaria.
O peixe linguado vive em água salgada.
No litoral do Brasil ele é facilmente encontrado.
O peixe linguado é diferente e chama atenção:
Ele tem os dois olhos no mesmo lado da cabeça.

5) Responda às questões de acordo com o texto.

a) Qual é o nome do texto?

_____

b) Quem viu o peixe na peixaria?

_____

c) Onde esse peixe é facilmente encontrado?

_____

d) Por que esse peixe chama a atenção?

_____

_____

6) Copie do texto as palavras com **gua** ou **guo**.

_____

gue	Gue	gui	Gui
gue	Gue	gui	Gui

caranguejo

Vamos cantar

Caranguejo

Caranguejo não é peixe
Caranguejo peixe é.
Caranguejo só é peixe
Na enchente da maré.

Palma, palma, palma,
Pé, pé, pé,
Roda, roda, roda,
Caranguejo peixe é.

Cantiga.

- Leia a cantiga, reflita e responda oralmente: Se caranguejo não é peixe, então o que é?

Atividades

1 Leia atentamente cada palavra a seguir.

águia	figueira	jegue	mangueira
Miguel	guerreiro	guizo	pessegueiro
guerra	amiguinho	foguete	formigueiro

138 Língua Portuguesa

2 Complete as palavras com *que* ou *gui* e copie-as.

a) fo___te

c) ___zo

e) caran___jo

b) fo___ira

d) á___a

f) man___ira

3 Separe as sílabas e escreva o número de sílabas de cada palavra.

a) jegue _____

b) amiguinho _____

c) guitarra _____

d) guizo _____

4 Encontre as palavras a seguir no diagrama.

GUIZO
GUITARRA
JEGUE
MANGUEIRA
ÁGUIA

R	G	C	H	W	J	M	W	K	Á
M	A	N	G	U	E	I	R	A	G
L	I	P	P	P	G	R	R	Q	U
S	S	V	W	A	U	J	E	B	I
G	U	I	Z	O	E	C	I	J	A
G	U	I	T	A	R	R	A	N	M

Língua Portuguesa

5 Leia o texto e observe a imagem.

Formigas

Um, dois
feijão com arroz,
um, dois
feijão com arroz,
lá vai a formiguinha
– na cabeça uma folhinha
atravessando o terreiro.
Leva arroz, leva feijão,
leva couve picadinha,
paio, linguiça, lombinho
e toucinho de fumeiro.
Um, dois
feijão com arroz,
três, quatro
fazer o prato
que hoje tem, minha gente,
feijoada no formigueiro!

Wania Amarante. *Cobras e lagartos*. São Paulo: FTD, 2011. p. 29.

6 Responda às questões de acordo com o texto.

a) Qual é o nome do texto? _____

b) O que a formiga leva na cabeça? _____

c) Quais são os ingredientes da feijoada?

_____

_____

7 Circule no texto as palavras com **gue** e **gui**.

8 Ordene as sílabas e copie o nome das figuras.

a) for | guei | mi | ro

c) tar | gui | ra

b) gue | je

d) gui | á | a

9 Siga o exemplo.
a) figo *figuinho*
b) amigo
c) antigo
d) jogo
e) colega
f) fogo

10 Forme uma frase com o nome de cada imagem a seguir.

a)

b)

cha	che	chi	cho	chu
cha	che	chi	cho	chu

Cha	Che	Chi	Cho	Chu
Cha	Che	Chi	Cho	Chu

chave

Vamos ouvir

Chave de chumbo

— Eu acho, "seu" Chico Sá,
que sua chave de chumbo
tomou um chá de sumiço.
Mas Sheila acha que a chave,
a chave de chumbo, se acha
no chão da sala do Xerxes,
"seu" Xerxes Sousa da Silva,
seu sócio, "seu" Chico Sá.

© Ciça Alves Pinto. (Ciça. *Travatrovas*. Rio de Janeiro: Nova Fronteira, 1993. p. 5.)

- Circule na trovinha todas as palavras com **ch** e copie-as.

Atividades

1 Leia atentamente cada palavra a seguir.

chuva	chapéu	chefe	chita
chinelo	bolacha	chuchu	chicote
charrete	chocolate	machado	chaminé

Língua Portuguesa

2 Complete as palavras com *cha, che, chi, cho* ou *chu* e copie-as.

a) ____ve

c) ____calho

e) ____nelo

b) ____chu

d) ____que

f) ____veiro

3 Junte as sílabas e escreva com letra cursiva as palavras formadas.

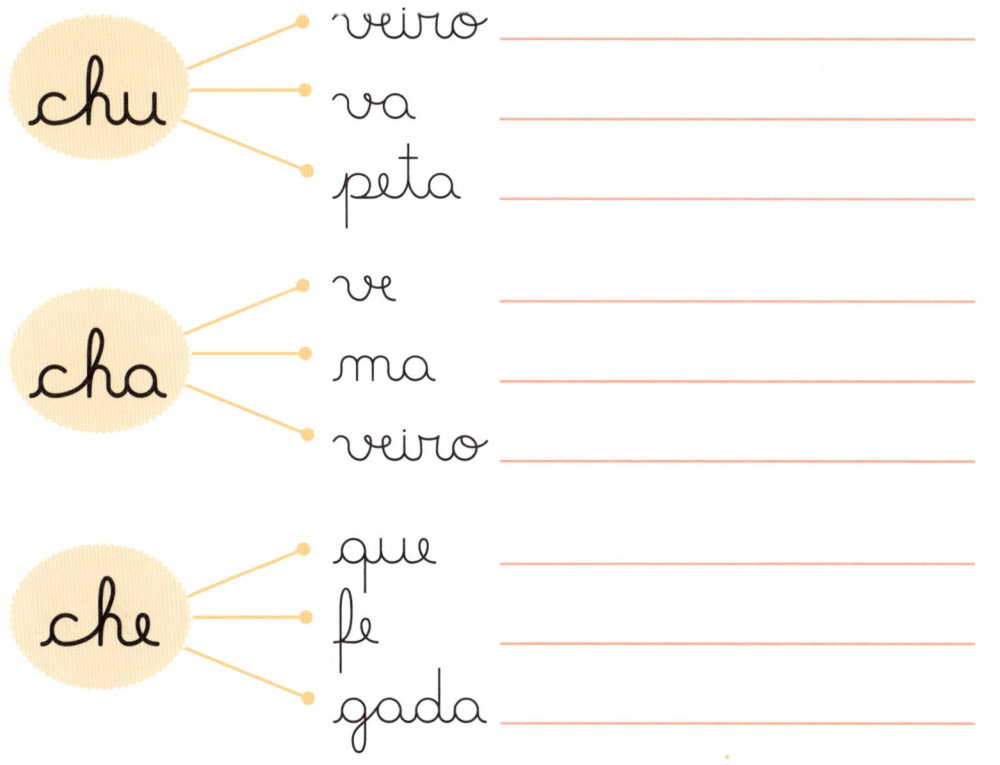

chu
- veiro ____
- va ____
- peta ____

cha
- ve ____
- ma ____
- veiro ____

che
- que ____
- fe ____
- gada ____

Língua Portuguesa

4 Leia o texto e observe a imagem.

Jardim

Regador na mão. Água!

No jardim, de tudo aparece e de tudo cresce...

Já cheirou uma flor bicolor?

Já viu flores dos mais diversos sabores? [...]

Ops! Tem uns bichinhos aqui!

A lagarta anda nos galhos e depois fica presa, parada, estática...

Para poder se transformar numa borboleta fantástica!

Ellen Pestili. *Horta, pomar e jardim, brincadeira não tem fim*. São Paulo: Editora do Brasil, 2016. p. 8, 9, 11, 16, 17 e 19.

5 Responda às questões de acordo com o texto.

a) Qual é o nome do texto? _____

b) Qual é o assunto do texto? _____

c) Qual é o bichinho citado no texto?

_____

d) Em que esse bichinho se transforma?

_____

6 Circule no texto todas as palavras com **ch** e copie-as.

ar	er	ir	or	ur
ar	*er*	*ir*	*or*	*ur*

Ar	Er	Ir	Or	Ur
Ar	*Er*	*Ir*	*Or*	*Ur*

f**or**miga

Vamos cantar

Pintor de Jundiaí

Tum, tum, tum,
Quem bate aí?
Sou eu, minha senhora,
O pintor de Jundiaí.

Pode entrar
E se sentar.
Conforme as pinturas
Nós iremos conversar.

Lá em cima
Quero tudo bem pintado.
Só para as mocinhas
Do sapato envernizado.

Na cozinha
Quero um pé de bananeira.
Só para alegrar o coração
Da cozinheira.

Lá no portão
Quero sete cachorrões.
Só para assustar.
A cara feia dos ladrões.

Tum, tum, tum,
Já deu seis horas.
Adeus, minha senhora,
O pintor já vai embora.

Cantiga.

■ Circule na cantiga todas as palavras com **ar**, **er**, **ir**, **or** e **ur**.

Língua Portuguesa

Atividades

1 Leia atentamente cada palavra a seguir.

arco	martelo	carneiro	sorvete
abajur	porta	circo	caderno
mar	verde	irmão	urso

2 Complete as palavras com *ar*, *er*, *ir*, *or* ou *ur* e copie-as.

a) s___vete

b) b___boleta

c) cad___no

d) c___co

e) ___vore

f) g___fo

g) colh___

h) ___so

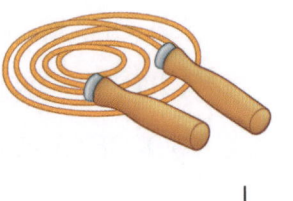

i) c___da

3 Leia a cantiga e observe a imagem.

Formiguinha da roça

Formiguinha da roça
Endoideceu
Com uma dor de cabeça
Que lhe deu.
Ai, pobre,
Ai, pobre formiguinha!
Põe a mão na cabeça
E faz assim... e faz assim...

<small>Cantiga do folclore cearense.</small>

4 Complete de acordo com a cantiga.

_____ da roça
Endoideceu
Com uma _____ de cabeça
Que lhe deu.
Ai, pobre,
Ai, pobre _____!
Põe a mão na _____
E faz assim... e faz assim...

as	es	is	os	us
as	*es*	*is*	*os*	*us*

As	Es	Is	Os	Us
As	*Es*	*Is*	*Os*	*Us*

esquilo

Vamos cantar

Motorista

Motorista,
Motorista,
Olha a pista,
Olha a pista,
Não é de salsicha,
Não é de salsicha,
Não é não,
Não é não.

Motorista,
Motorista,
Olha o poste,
Olha o poste,
Não é de borracha,
Não é de borracha,
Não é não,
Não é não.

Cantiga.

- Circule na cantiga todas as palavras com **as**, **es**, **is**, **os** e **us**.

Atividades

1. Leia atentamente cada palavra a seguir.

disco	poste	susto	espiga	mosca
lesma	escola	Estela	isqueiro	custo
escova	festa	cuspe	vestido	pasta

Língua Portuguesa

2 Complete as palavras com *as*, *es*, *is*, *os* ou *us* e copie-as.

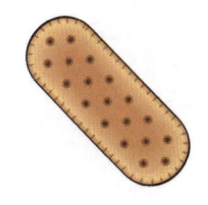

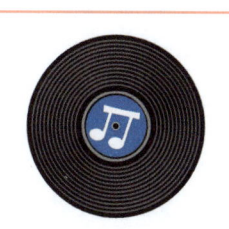

a) b___coito

c) ___cada

e) ônib___

b) c___telo

d) d___co

f) p___te

3 Forme palavras de acordo com os números e copie-as.

1	2	3	4	5	6	7	8	9	10	11	12
es	ros	ga	sus	co	to	dis	jus	la	va	pi	mo

a) 7+5 ___

b) 1+5+10 ___

c) 4+6 ___

d) 1+12+9 ___

e) 1+5+9 ___

f) 2+6 ___

g) 1+11+3 ___

h) 8+6 ___

4 Escolha uma das palavras formadas na atividade anterior e escreva uma frase com ela.

Língua Portuguesa

5 Leia o texto e observe a imagem.

Papai motorista

O ônibus sai do ponto quase vazio.
Eu vou na frente, no primeiro banco.
Mamãe do meu lado, papai dirigindo.

Passa rua, passa árvore.
Passa casa, passa céu.
Vejo tudo da janela.

Entra um ventinho bom.

Eu estou de roupa nova.
E botei uma sandália legal, que a mamãe comprou ontem.
Dia de domingo a gente pode passear de ônibus com papai.
Nos outros dias, ele diz que fica cheio demais.
A barra é pesada. [...]

Leny Werneck. *Papai motorista*. Belo Horizonte: Dimensão, 2008. p. 6, 8 e 11.

6 Circule no texto todas as palavras com **as**, **es**, **is**, **os** e **us** e copie-as.

_____

_____

7 Responda às questões de acordo com o texto.
   a) Qual é o nome do texto?

_____

   b) Qual é o assunto do texto?

_____

_____

az	ez	iz	oz	uz
az	*ez*	*iz*	*oz*	*uz*

Az	Ez	Iz	Oz	Uz
Az	*Ez*	*Iz*	*Oz*	*Uz*

10 dez

Vamos ouvir

Um, dois, feijão com arroz.
Três, quatro, feijão no prato.
Cinco, seis, chegou minha vez.
Sete, oito, comer biscoito.
Nove, dez, comer pastéis.

Parlenda.

- Circule na parlenda todas as palavras com **az**, **ez**, **iz**, **oz** e **uz** e copie-as.

Atividades

1 Leia atentamente cada palavra a seguir.

rapaz	chafariz	Juarez	aprendiz	dez
cuscuz	feliz	arroz	nariz	luz
juiz	veloz	capaz	paz	feroz

Língua Portuguesa 151

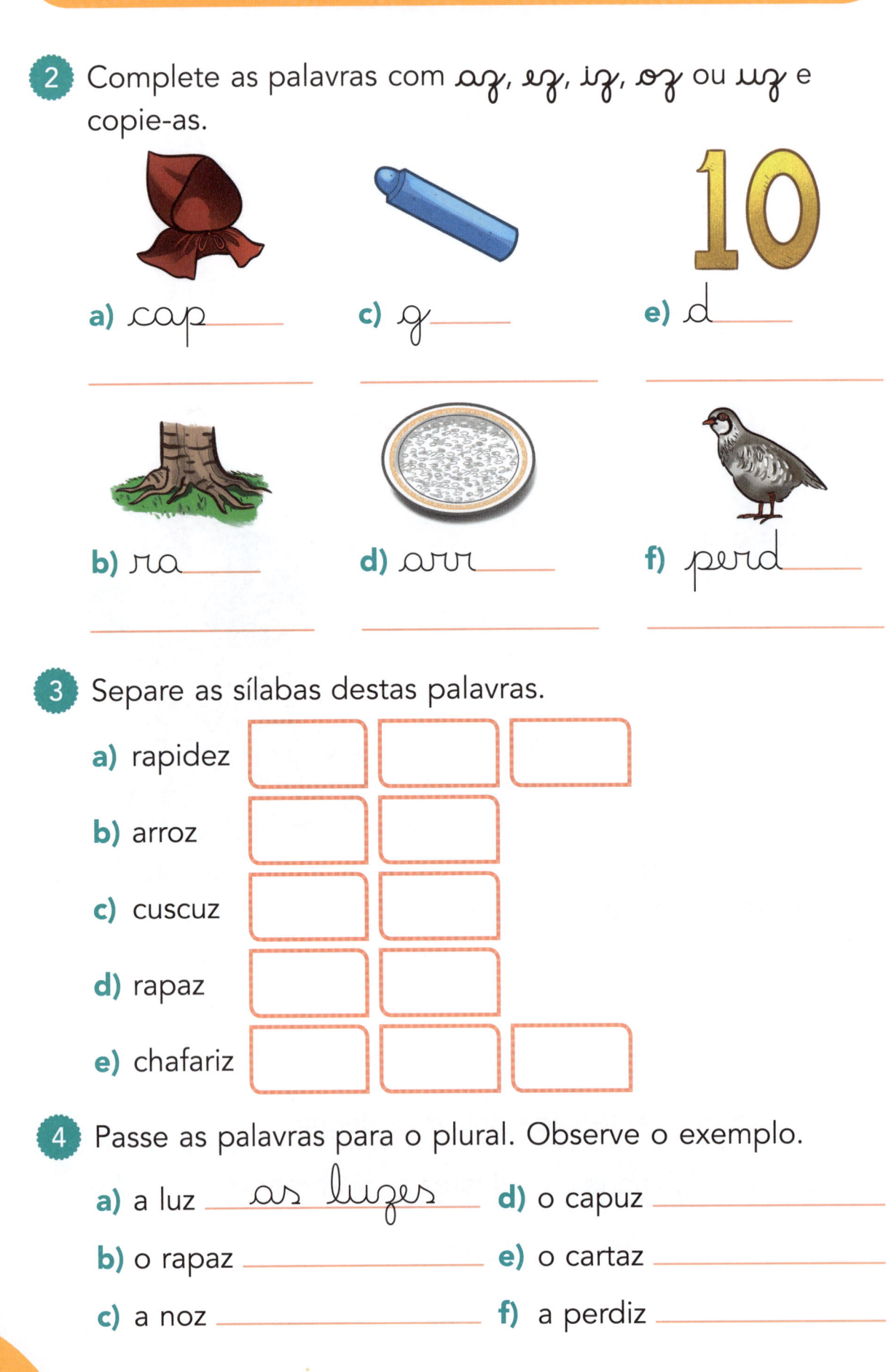

2 Complete as palavras com *az, ez, iz, oz* ou *uz* e copie-as.

a) cap_____   c) g_____   e) d_____

b) ra_____   d) arr_____   f) perd_____

3 Separe as sílabas destas palavras.

a) rapidez

b) arroz

c) cuscuz

d) rapaz

e) chafariz

4 Passe as palavras para o plural. Observe o exemplo.

a) a luz — as luzes   d) o capuz _____

b) o rapaz _____   e) o cartaz _____

c) a noz _____   f) a perdiz _____

152 Língua Portuguesa

5 Leia o texto e observe a imagem.

O cartaz de Juarez

Juarez é um menino feliz que adora a escola.
Fez um cartaz da paz com os colegas.
Ele usou giz e sujou o nariz.
Levou um dez do juiz.
E falou em voz alta:
— Estou feliz!

6 Circule no texto todas as palavras com **az**, **ez**, **iz**, **oz** e **uz**.

7 Complete as frases de acordo com o texto.

_____ é um menino _____.
Fez um _____ da _____.
Ele usou _____ e sujou o _____.

8 Responda às questões de acordo com o texto.
  a) Qual é o nome do texto?
  _____
  b) O que Juarez fez?
  _____
  c) O que ele usou? _____
  d) Que nota o juiz deu a Juarez? _____

Língua Portuguesa

pl	tl	bl
cl	gl	fl

flor

Vamos cantar

Vou plantar

Vou agora, minha gente,
Uma mudinha plantar.
Que daqui a certo tempo,
Belas flores há de dar.
Todo dia, com carinho,
A plantinha vou regar.
Toda árvore do mundo
É preciso muito amar.

Cantiga.

Atividades

1 Leia atentamente cada palavra a seguir.

pl	bl	gl	tl	cl	fl
pluma	bloco	globo	atlas	clube	flor
templo	nublado	glorioso	atleta	clero	flanela
plástico	biblioteca	glacê	Atlântico	caboclo	floresta
diploma	blusa	glicerina	atletismo	cloro	flauta

154 Língua Portuguesa

2 Complete as palavras com *pl*, *tl*, *bl*, *cl* ou *fl* e copie-as.

a) ____echa

c) a____eta

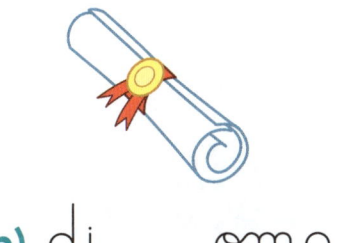

e) ____usa

b) di____oma

d) ____aca

f) ____ara

3 Leia as palavras a seguir e copie-as na coluna correta.

aflito	clima	cloro	glicerina	Bíblia	biblioteca
planta	clube	classe	blusão	placa	pluma
floresta	iglu	claro	glorioso	flecha	nublado
planeta	Plínio	bloco	globo	Glória	flauta

pl	bl	cl	gl	fl

Língua Portuguesa

4 Leia o texto e observe a imagem.

Flecha Amarela

Flecha Amarela é um indiozinho.
Ele mora na floresta.
Lá tem muitas plantas diferentes.
Ele se alimenta de frutas
e também sabe pescar.
Flecha Amarela toca flauta
e atira bem com arco e flecha.
Na tribo, ele é um atleta.

5 Circule no texto todas as palavras com **pl**, **tl** e **fl**.

6 Responda às questões de acordo com o texto.

a) Qual é o nome do texto?

_____

b) Onde o indiozinho mora?

_____

c) O que o indiozinho toca?

_____

d) Ele atira bem com o quê?

_____

7 Separe as sílabas e escreva o número de sílabas de cada palavra.

a) planta _____ ____   e) caboclo _____ ____

b) flores _____ ____   f) planeta _____ ____

c) clube _____ ____   g) diploma _____ ____

d) bloco _____ ____   h) atleta _____ ____

8 Complete o diagrama com o nome das figuras.

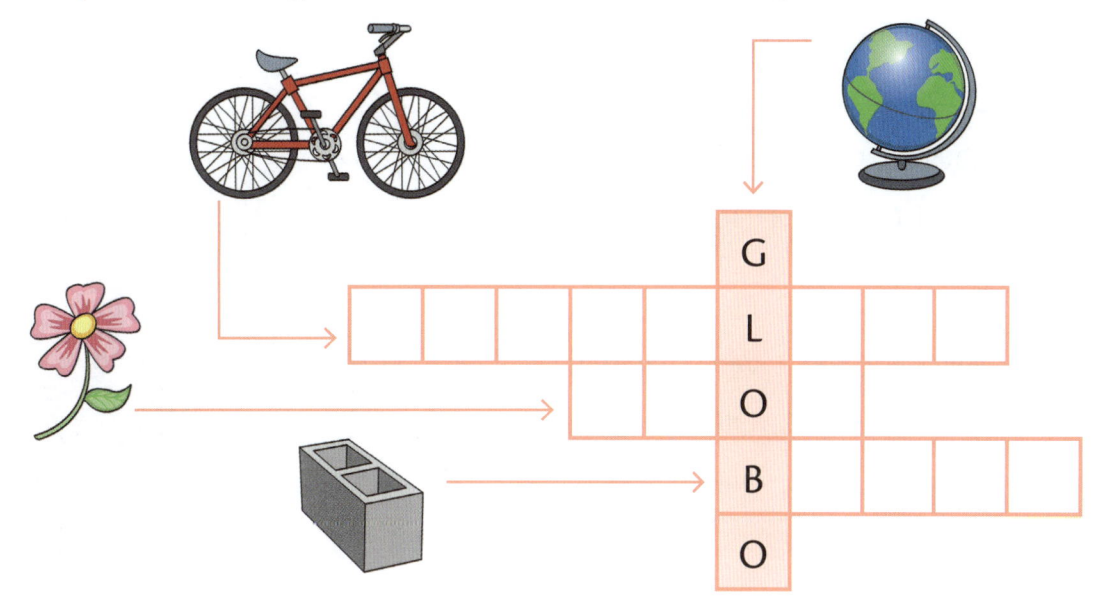

```
            G
         _____
        |L|
        |O|
         _____
        |B|
        |O|
```

9 Utilize a letra *l* para formar novas palavras e copie-as. Siga o exemplo.

a) caro _____ *claro* _____

b) pano _____

c) fecha _____

d) fora _____

e) paca _____

f) cone _____

Língua Portuguesa 157

pr	vr	dr	tr
br	cr	gr	fr

criança

Vamos cantar

Meu galinho

Faz três noites que eu não durmo, olalá,
Pois perdi o meu galinho, olalá.
Coitadinho, olalá,
Pobrezinho, olalá,
Eu o perdi lá no jardim.

Ele é branco e amarelo, olalá,
Tem a crista vermelhinha, olalá.
Bate as asas, olalá,
Abre o bico, olalá,
Ele faz quiriquiqui.

Já rodei o Mato Grosso, olalá,
Amazonas e Pará, olalá.
Encontrei, olalá,
Meu galinho, olalá,
No sertão do Ceará!

Cantiga.

■ Circule na cantiga todas as palavras com **pr**, **vr**, **dr**, **tr**, **br**, **cr**, **gr** e **fr**.

158 Língua Portuguesa

Atividades

1 Leia atentamente cada palavra a seguir.

pr	dr	br	gr
prato	madrugada	brisa	gruta
prego	pedra	broche	grilo
prova	padre	cobra	grosso
praia	quadro	branco	alegria
primo	vidro	bravo	magro

vr	tr	cr	fr
livro	trigo	cravo	frio
palavra	tropa	creme	frade
lavrador	estrela	criança	fruta
livre	mestre	cruz	chifre
livraria	trabalho	crocodilo	fraco

2 Complete as palavras com *pr*, *vr*, *dr*, *cr*, *gr* ou *fr* e copie-as.

a) ___ato

c) ___agão

e) ___avo

b) ___uta

d) li___o

f) ___ilo

Língua Portuguesa

3 Leia o texto e observe a imagem.

Rap da limpeza
Escute nosso grito,
Não é um cochicho.
Papel e casca
Só se põem no lixo!!!
Não para sujar!
A ordem é limpar.
A mãe natureza
Devemos preservar!!!
Não para a sujeira,
Viva a lixeira!

Agora é só lembrar
Que a ordem é cuidar
E saber usar!
Você vai poder ver
Que a mãe natureza
Só vai agradecer!!!

Patrícia Engel Secco. *No parque nosso verde*.
São Paulo: Melhoramentos, 2006. p. 4.

4 Responda às questões de acordo com o texto.

a) Qual é o assunto tratado?

___

b) O que devemos preservar?

___

5 Complete a frase.

A ordem é _____.

6 Circule no texto todas as palavras com **pr**, **vr**, **dr**, **tr**, **br**, **cr**, **gr** ou **fr**.

Língua Portuguesa

7 Separe as sílabas destas palavras e copie-as novamente.

a) cabrito _____ _____

b) tigre _____ _____

c) crachá _____ _____

d) professor _____ _____

e) pedreiro _____ _____

f) estrada _____ _____

8 Passe as palavras a seguir para o feminino.

a) bravo _____

b) primo _____

c) fraco _____

d) magro _____

e) trêmulo _____

f) Adriano _____

9 Utilize a letra *r* para formar novas palavras e copie-as. Siga o exemplo.

a) dama _____*drama*_____

b) pato _____

c) fita _____

d) tem _____

e) banco _____

f) tio _____

Língua Portuguesa

Os vários sons de X

Adivinha

O que é, o que é?
Não deixe para depois!
Uma letra exagerada,
Exibida como só.

Está na xícara do café
Ou no xale da vovó.
Na enxada da fazenda,
No táxi do seu Ló.

Vem cá, meu xodó!
Qual é a explicação?
Consegue descobrir
O xereta de plantão?

Texto escrito especialmente para esta obra.

- Circule na adivinha todas as palavras com a letra **x**. Depois, pinte de vermelho as palavras em que o **x** tem som de **z** e, de azul, as palavras em que o **x** tem o som de **ch**.

Atividades

1 Leia atentamente cada palavra a seguir.

x = s	x = ch	x = ss	x = cs	x = z
exterior	enxada	máximo	táxi	exame
exportação	xereta	auxílio	anexo	exato
extensão	enxurrada	próximo	boxe	exercício
explicação	xaxim	trouxe	látex	exemplo
externo	xícara	auxiliar	reflexo	executar
exclamação	xarope	aproximar	crucifixo	exército

2 Escreva o nome das figuras a seguir.

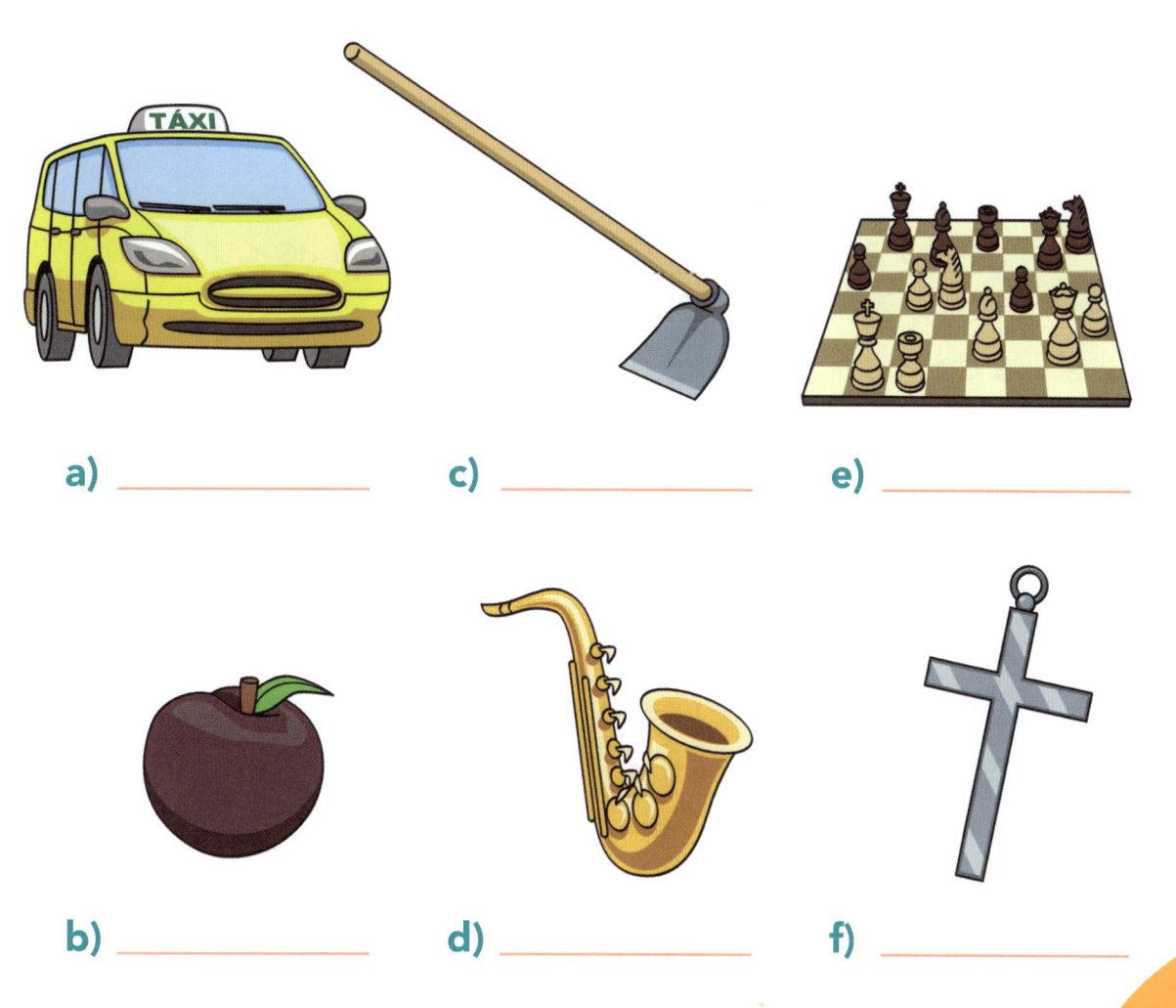

a) _____

b) _____

c) _____

d) _____

e) _____

f) _____

Língua Portuguesa 163

3 Leia o texto e observe a imagem.

Os xarás

XAVIER!

Todo dia, Xavier encontrava Xavier e o cumprimentava:
— Bom dia, Xavier.
E Xavier respondia a Xavier:
— Bom dia, Xavier.
Toda tarde, Xavier encontrava Xavier e o cumprimentava:
— Boa tarde, Xavier.
E Xavier respondia a Xavier:
— Boa tarde, Xavier.
À noite, tudo se repetia.
Mas não havia nexo em chamarem um ao outro de Xavier, pois não eram xerox um do outro. O Xavier taxista gostava de tocar xilofone, dançar xaxado e comer xinxim de galinha com macaxeira. Já o Xavier caixeiro-viajante, gostava de tocar saxofone, dançar xote e comer mexilhão com ovos mexidos. De fato, um não era reflexo do outro. Portanto, depois de anos, mudaram o cumprimento.
— Oi, xará taxista.
— Oi, xará caixeiro-viajante.
Desde então, Xavier e Xavier cumprimentaram-se com expressiva alegria. Os xarás acham o máximo o novo cumprimento.

Jonas Ribeiro. *Alfabético, almanaque do alfabeto poético.*
São Paulo: Editora do Brasil, 2015. p. 77.

4 Responda às questões de acordo com o texto.

a) Qual é o nome do texto?
_____

b) Quem fez a primeira pergunta?
_____

c) Quem respondeu a essa pergunta?
_____

5 Copie do texto as palavras com **x**.

_____

_____

_____

6 Pinte o quadrinho que está ao lado da resposta correta.

a) Na palavra **taxista**, o **x** tem som de:

☐ ch   ☐ cs   ☐ ss

b) Na palavra **macaxeira**, o **x** tem som de:

☐ z   ☐ s   ☐ ch

c) Na palavra **máximo**, o **x** tem som de:

☐ sc   ☐ x   ☐ ss

7 Forme uma frase usando cada palavra a seguir.

a) exemplo _____

_____

b) excursão _____

_____

Língua Portuguesa

Revisando tudo o que foi estudado

Vamos cantar

Bate o sino

Hoje a noite é bela
Juntos eu e ela
Vamos à capela, felizes a rezar.
Ao soar o sino, sino pequenino,
Vai o Deus menino nos abençoar.

Bate o sino, pequenino,
Sino de Belém.
Já nasceu o Deus menino
Para o nosso bem.
Paz na Terra, pede o sino, alegre a cantar.
Abençoe, Deus menino, este nosso lar.

Cantiga.

Atividades

1) Responda às questões de acordo com o texto.

a) Felizes, vamos à capela fazer o quê? _____

b) De onde é o sino? _____

c) O que o sino pede? _____

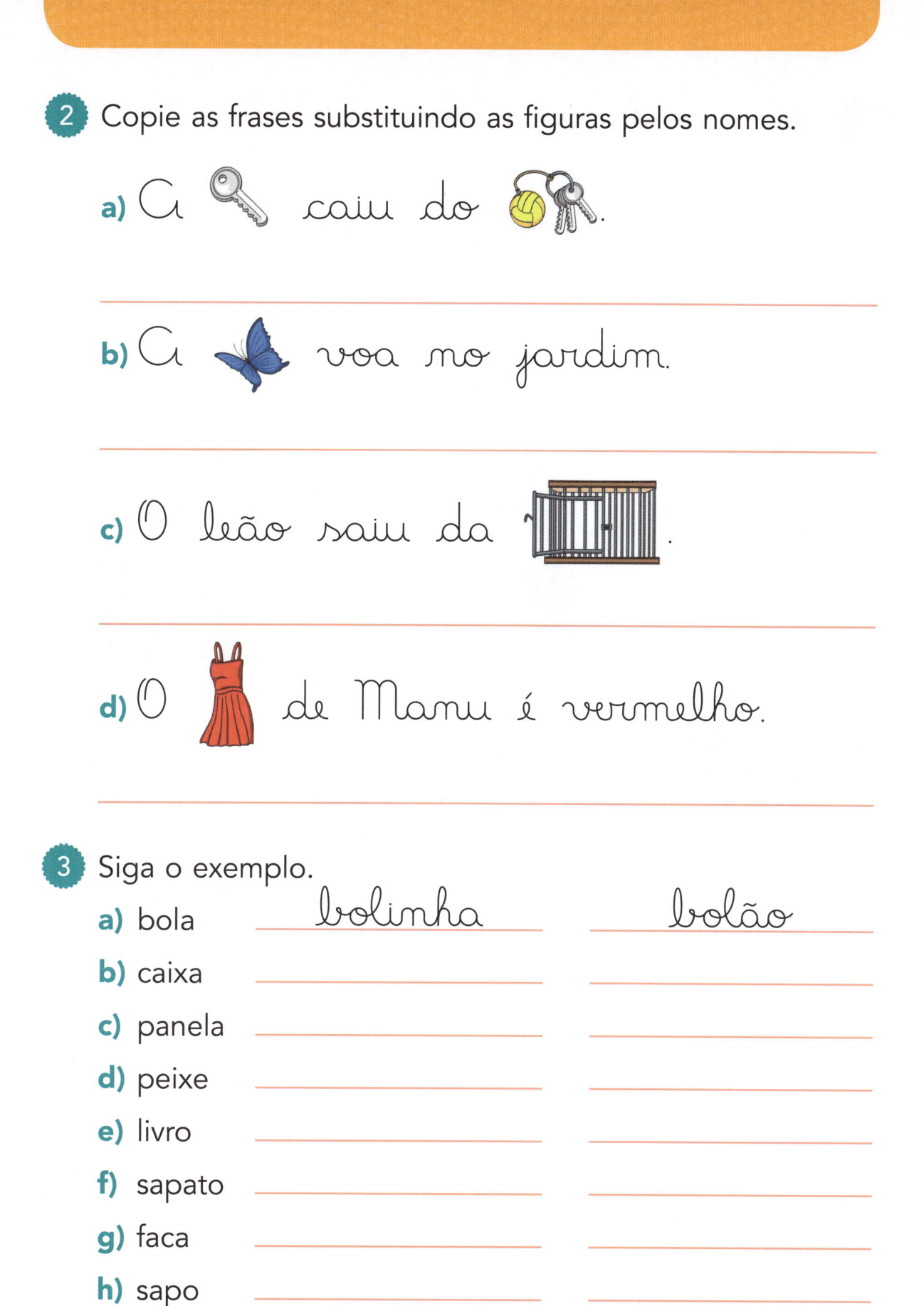

2 Copie as frases substituindo as figuras pelos nomes.

a) A 🔑 caiu do 🔑.

b) A 🦋 voa no jardim.

c) O leão saiu da 🧺.

d) O 👗 de Manu é vermelho.

3 Siga o exemplo.
a) bola   *bolinha*   *bolão*
b) caixa
c) panela
d) peixe
e) livro
f) sapato
g) faca
h) sapo
i) carro

Língua Portuguesa

4 Utilize a letra *l* para formar novas palavras e copie-as. Siga o exemplo.

a) fecha _flecha_   d) caro _____

b) pena _____   e) tempo _____

c) for _____   f) paca _____

5 Numere as figuras de acordo com as palavras.

| 1 | cravo | 3 | prego | 5 | livro |
| 2 | gravata | 4 | trem | 6 | zebra |

6 Utilize a letra *r* para formar novas palavras e copie-as. Siga o exemplo.

a) tinta _trinta_   d) tato _____

b) fio _____   e) pata _____

c) tio _____   f) tem _____

7 Complete o alfabeto maiúsculo com letra cursiva.

A, _____

_____

Língua Portuguesa

Matemática

Distância

Perto e longe

1 Circule a criança que está mais perto da patinete e faça um **/** na que está mais longe.

2 Pinte a abelha que está mais perto da colmeia e circule a que está mais longe.

Posição

Em cima, embaixo, dentro, fora, atrás, na frente

1 Circule os personagens com as cores indicadas:

- 🟥 O palhaço que está em cima do cilindro.
- 🟩 O palhaço que está embaixo da rede.
- 🟧 A bailarina que está dentro da caixa mágica.
- 🟦 A bailarina que está fora da caixa mágica.
- 🟨 O palhaço que está na frente da charanga.
- ⬛ O palhaço que está atrás na charanga.

Quantidade

Mais, menos, muito, pouco, nenhum

1 Circule o gira-gira que tem menos crianças e faça um **X** no gira-gira que tem mais crianças.

2 Pinte o bolo que não tem nenhuma vela.

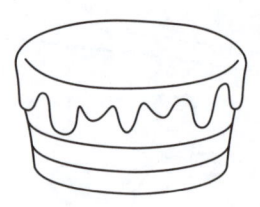

3 Circule a pata que tem muitos patinhos.

172 **Matemática**

Tamanho

Maior e menor

1 Pinte de vermelho o maior carro e pinte de verde o menor carro.

2 Circule a criança que tem o maior saco de pipoca e faça um **/** na que tem o menor saco de pipoca.

3 Observe o lápis a seguir. Desenhe com canetinha hidrocor rosa um lápis menor do que ele e, com azul, um lápis maior do que ele.

Matemática

Curto e comprido

1 Pinte o lobo que tem o rabo mais comprido e faça um **X** no que tem rabo mais curto.

2 Faça um **/** na pipa que tem a rabiola mais comprida e circule a que tem a rabiola mais curta.

Matemática

Altura

Alto e baixo

1. Luísa, a aluna mais alta da turma, carregará a bandeira no desfile da escola. Circule-a.

2. Desenhe no poste mais alto uma lâmpada azul, no poste mais baixo uma lâmpada vermelha e nos postes de mesmo tamanho lâmpadas verdes.

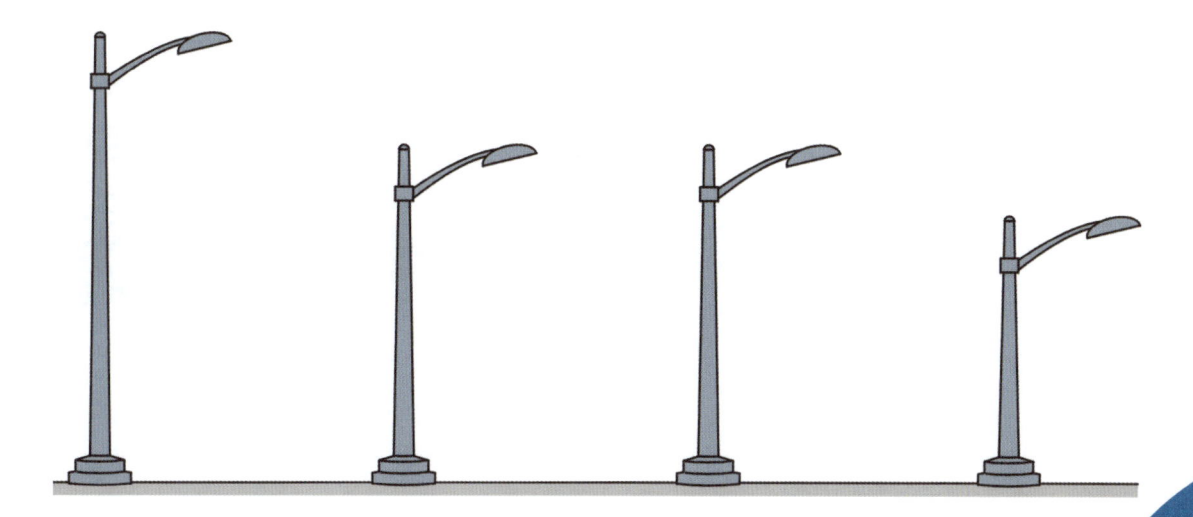

Espessura

Largo e estreito

1 A cama do ursinho é a mais estreita e a da mamãe é a mais larga. Ligue cada personagem à cama dele.

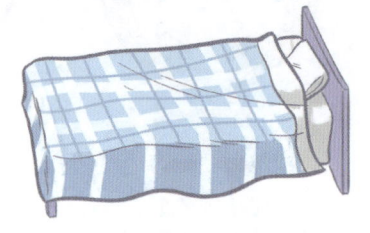

2 Desenhe um caminho mais largo que este para chegar à casa.

Grosso e fino

1 Circule o pote que tem lápis mais grossos e faça um **X** no que tem lápis mais finos.

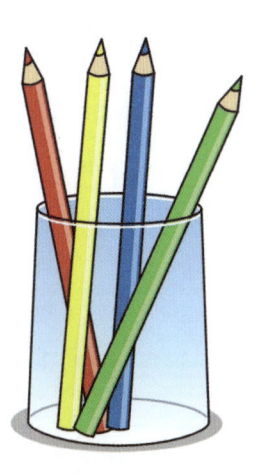

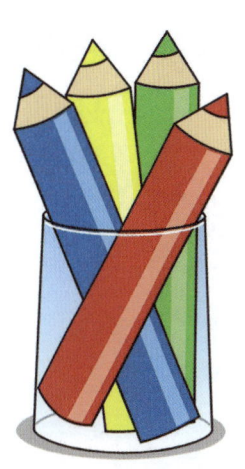

2 Desenhe um pincel mais grosso do que este.

3 Marque um **X** na corda mais grossa e faça uma ● na corda mais fina.

Geometria

Sólidos geométricos

Sólidos geométricos são objetos que têm três dimensões: comprimento, altura e largura.

Cubo.

Cilindro.

Esfera.

Paralelepípedo.

Pirâmide.

Cone.

- Observe os presentes do Papai Noel e também os dados com que Cascão e Cebolinha brincam. A que sólido geométrico eles se assemelham? Responda oralmente.

Atividades

1. Ajude Márcio a identificar objetos com forma semelhante aos sólidos geométricos. Circule-os.

2. Recorte de jornais, revistas ou folhetos imagens de objetos com forma semelhante aos sólidos geométricos. Cole-as a seguir e escreva o nome dos sólidos.

Matemática

Sólidos geométricos que rolam e sólidos que não rolam

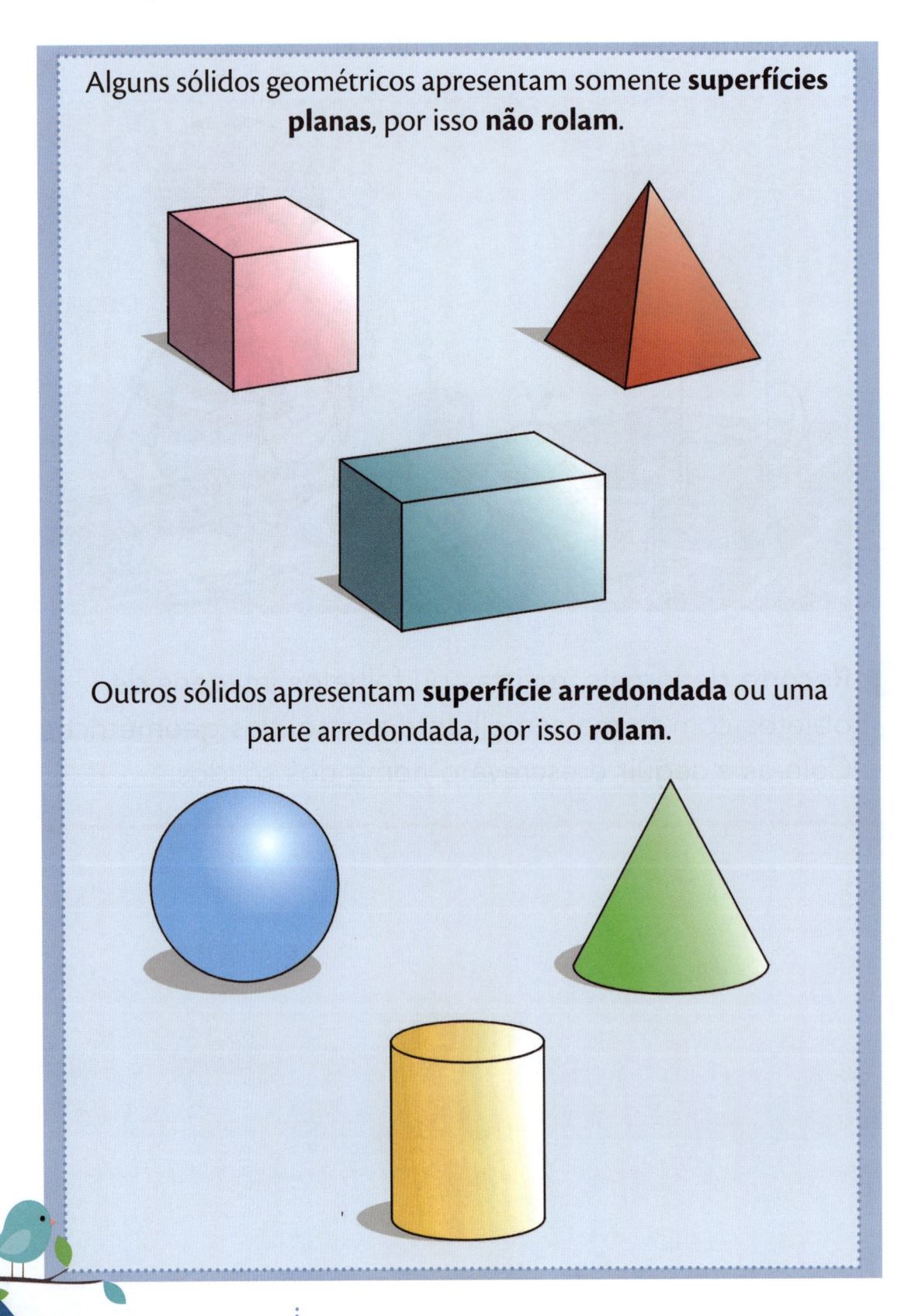

Alguns sólidos geométricos apresentam somente **superfícies planas**, por isso **não rolam**.

Outros sólidos apresentam **superfície arredondada** ou uma parte arredondada, por isso **rolam**.

Vamos brincar

1 Vamos montar um cubo? Para começar, pinte a imagem a seguir. Depois, siga a legenda para recortar, dobrar e colar esse sólido geométrico.

------- recortar   ——— dobrar   •••• colar

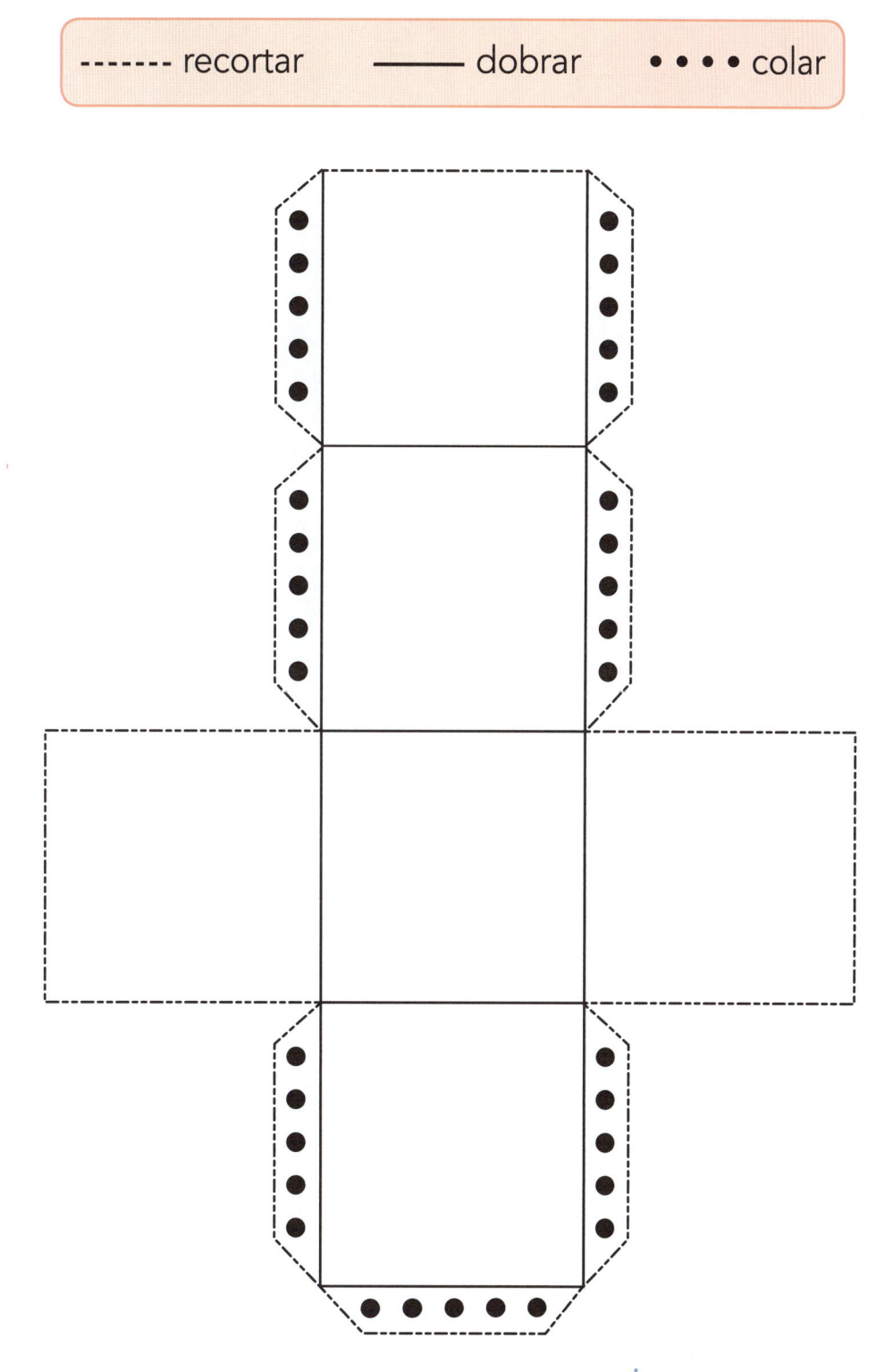

Matemática

2 Vamos montar um paralelepípedo? Para começar, pinte a imagem a seguir. Depois, siga a legenda para recortar, dobrar e colar esse sólido geométrico.

------- recortar ——— dobrar • • • • colar

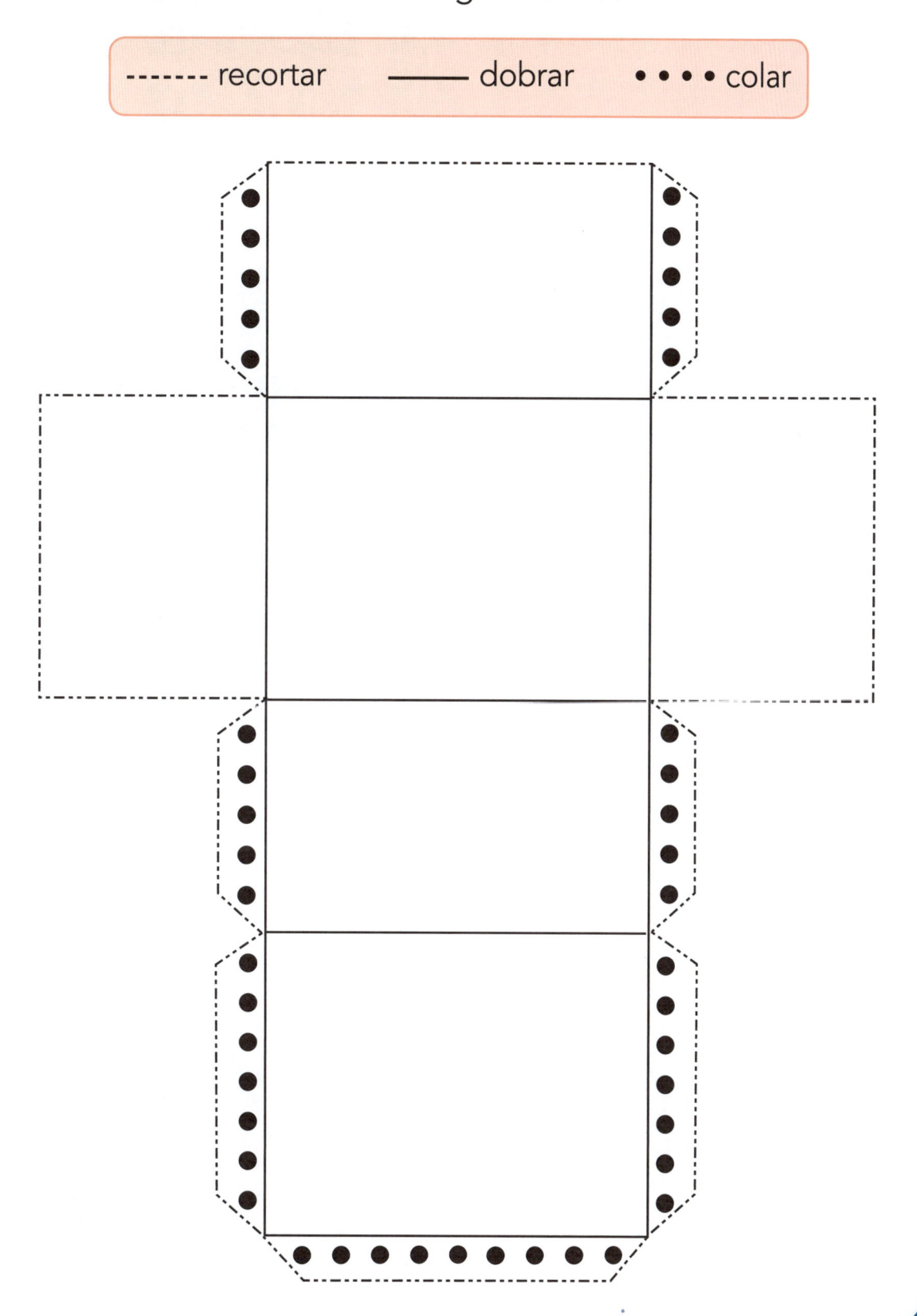

Matemática 183

3 Vamos montar uma pirâmide? Para começar, pinte a imagem a seguir. Depois, siga a legenda para recortar, dobrar e colar esse sólido geométrico.

------- recortar ——— dobrar •••• colar

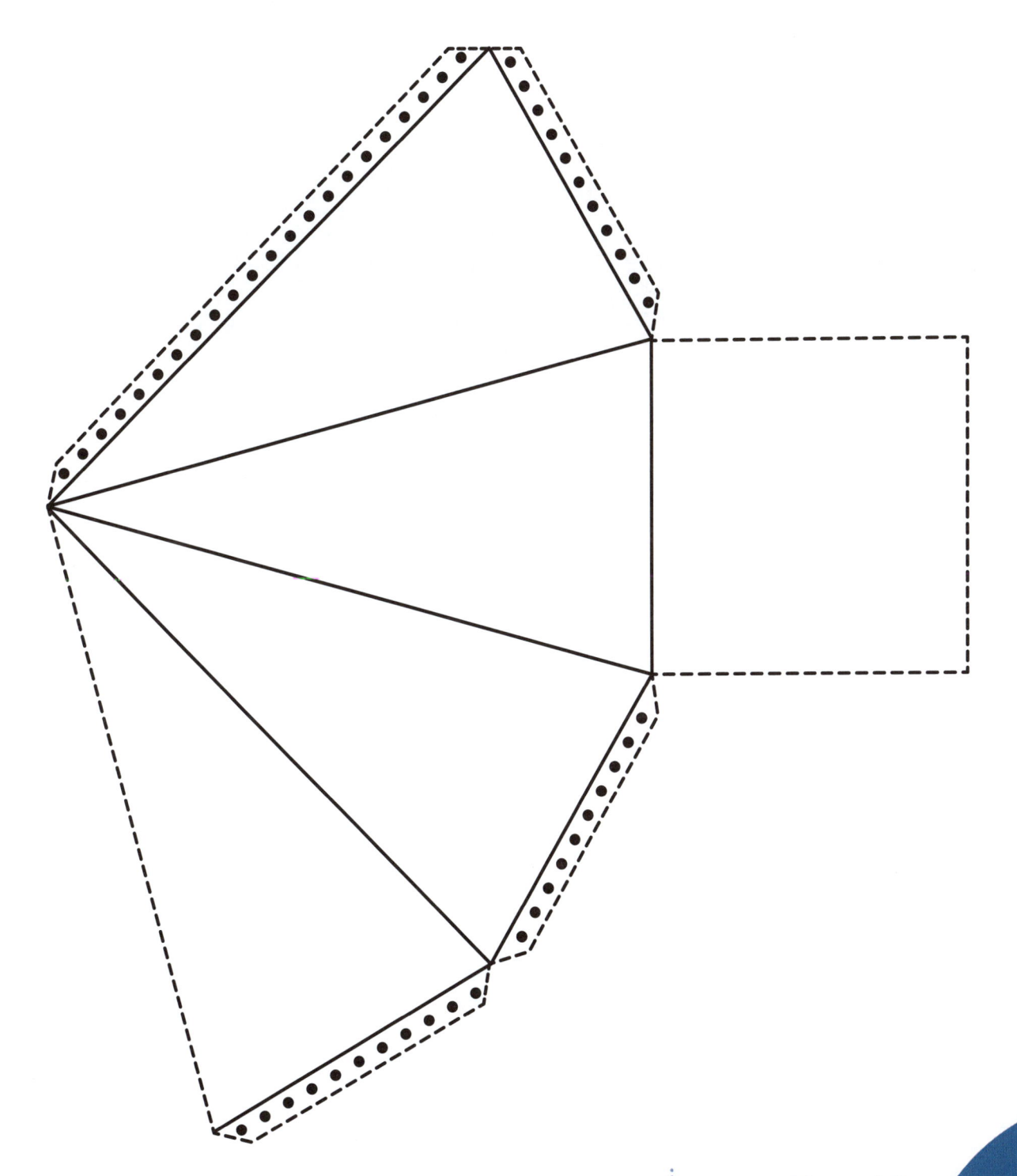

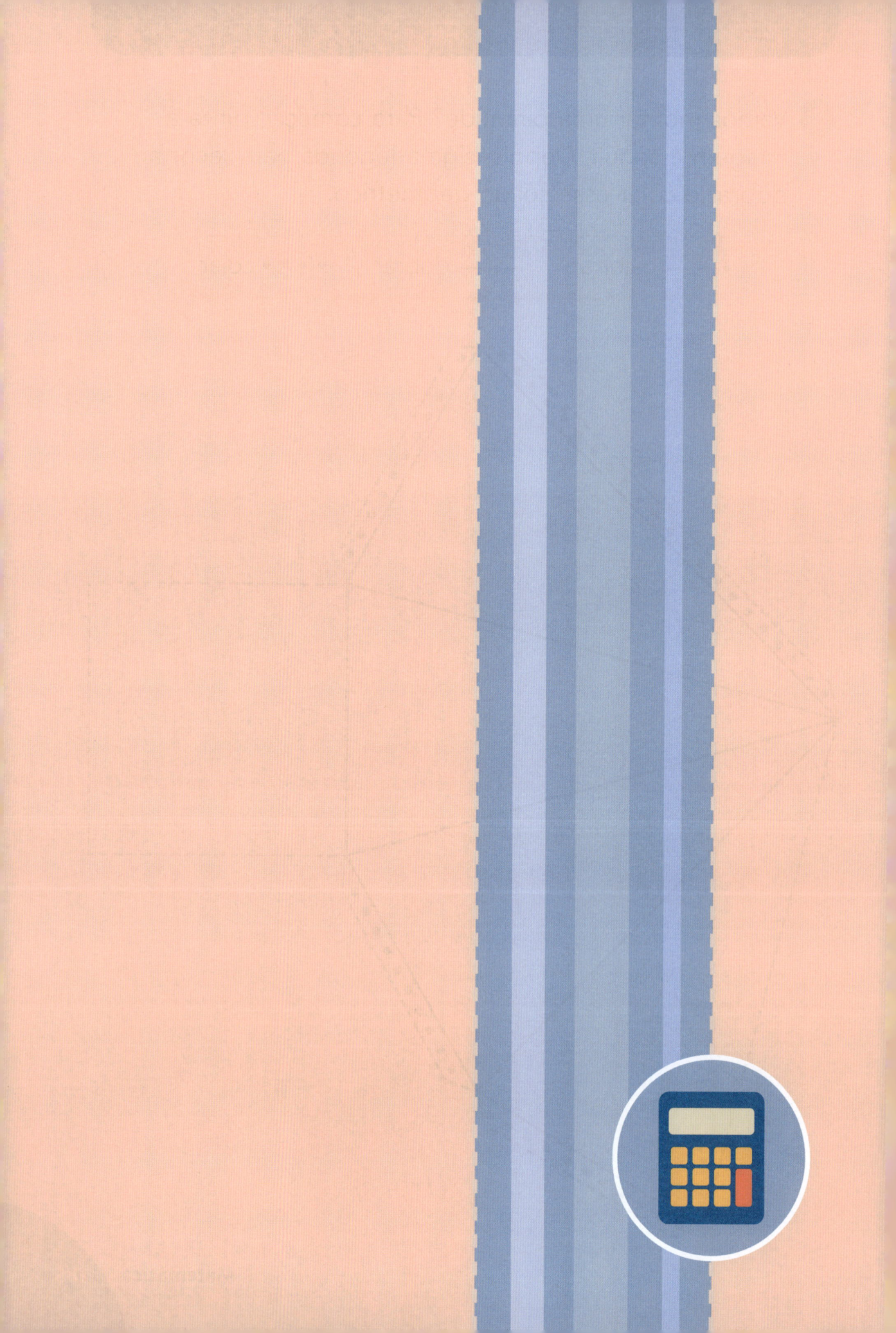

Atividades

1 Pinte de verde os sólidos geométricos que não rolam e de azul os que rolam.

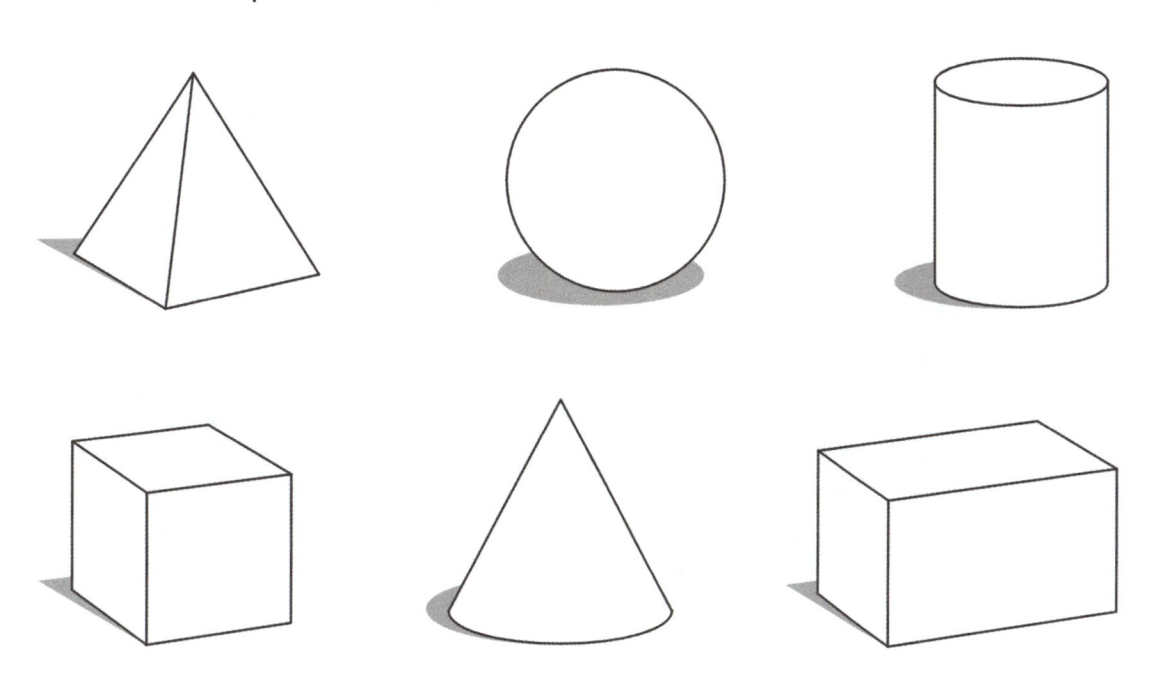

2 Circule os objetos que rolam.

Matemática

Figuras planas

Nas faces dos sólidos geométricos podemos identificar as figuras planas.

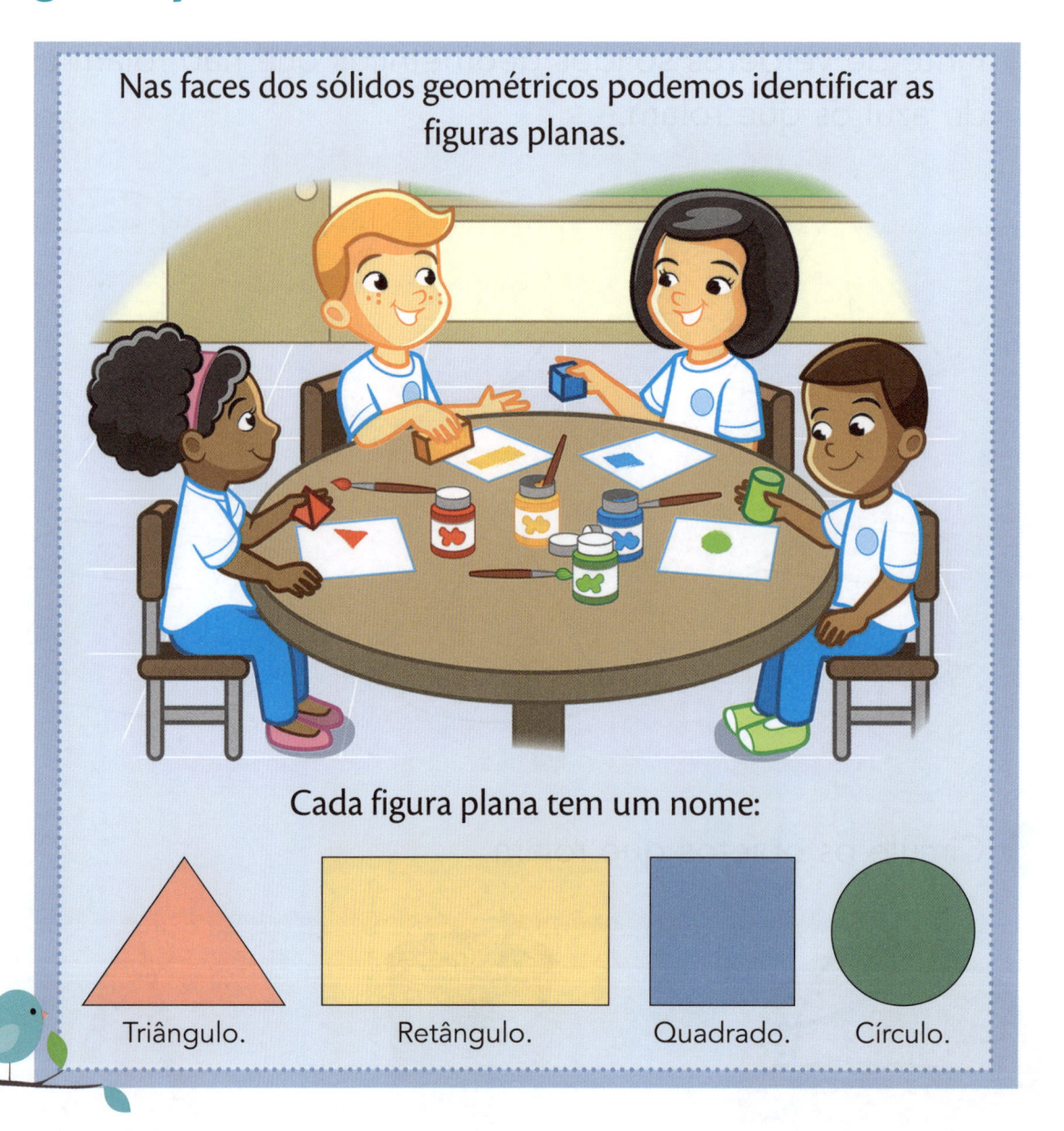

Cada figura plana tem um nome:

Triângulo.   Retângulo.   Quadrado.   Círculo.

Atividades

1 Observe a figura a seguir. A forma dela se assemelha a qual figura plana? Escreva.

2) Aprecie esta obra de arte da artista brasileira Tarsila do Amaral.

Tarsila do Amaral. *E.F.C.B.*, 1924. Óleo sobre tela, 1,42 m × 1,27 m.

3) Agora, desenhe as figuras planas que você identificou nessa obra.

Matemática 189

4 Você é o artista! Utilize figuras planas para fazer sua obra de arte!

Número 1

1 um
1 um

Vamos cantar

Havia um indiozinho
Que vivia a passear!
Saiu de sua casa
E pôs-se a cantar!

Cantiga.

Atividades

1 Cubra o tracejado e descubra o número **1**.

1 1 1 1 1 1 1 1

2 Cubra o tracejado e continue fazendo o número **1**.

1

3 Circule **1** indiozinho.

Matemática 191

Número 2

2 dois
2 dois

Vamos cantar

Um elefante incomoda muita gente.
Dois elefantes incomodam,
Incomodam muito mais!

Cantiga.

Atividades

1 Cubra o tracejado e descubra o número 2.

2 Cubra o tracejado e continue fazendo o número 2.

3 Pinte **2** elefantes.

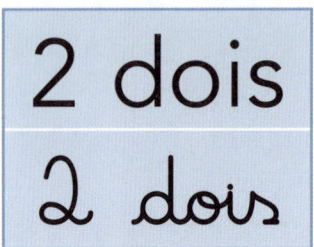

Matemática

4 Desenhe flores de acordo com o número.

a) 2

b) 1

5 Observe a cena. Conte e escreva quantas crianças estão em cada brinquedo.

6 Complete o calendário com os números que faltam.

Domingo	Segunda	Terça	Quarta	Quinta	Sexta	Sábado
___	___	3	4	5	6	7
8	9	10	11	12	13	14
15	16	17	18	19	20	21
22	23	24	25	26	27	28
29	30					

Matemática 193

Número 3

3 três
3 três

Vamos ler

Um tigre
Dois tigres
Três tigres.
Trava-língua.

Atividades

1 Cubra o tracejado e descubra o número 3.

3 3 3 3 3 3 3 3

2 Cubra o tracejado e continue fazendo o número 3.

3 ___ ___ ___ ___ ___ ___ ___

3 Ligue cada tigre a um prato. Depois, conte a quantidade de pratos e escreva o número no quadrinho.

4 Conte as tampinhas e escreva o número correspondente.

a) _____

b) _____

c) _____

5 Pinte o número **3**.

6 Ligue os pontos e pinte a figura.

Vamos cantar

O meu chapéu tem 3 pontas
Tem 3 pontas o meu chapéu
Se não tivesse 3 pontas
Não seria o meu chapéu.

Cantiga.

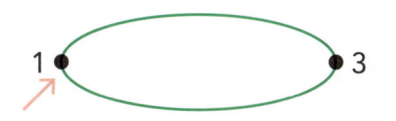

Matemática

Número 4

4 quatro

4 quatro

Vamos cantar

Com quem você
Pretende se casar?
Loiro, moreno,
Careca, cabeludo...
Um, dois, três, quatro...

Cantiga.

Atividades

1 Cubra o tracejado e descubra o número 4.

4 4 4 4 4 4 4 4

2 Cubra o tracejado e continue fazendo o número 4.

4 _____

3 Circule os **4** meninos citados na parlenda.

Matemática

Número 5

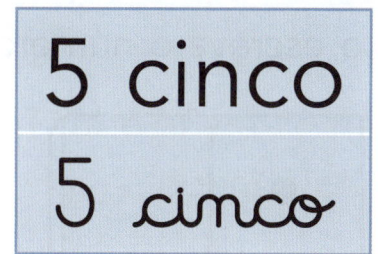

5 cinco
5 cinco

Vamos ler

O rei mandou dizer
Que quem quiser
Que conte cinco:
Um, dois, três,
Quatro, cinco.

Parlenda.

1, 2, 3, 4, 5

Atividades

1 Cubra o tracejado e descubra o número 5.

5 5 5 5 5 5 5 5

2 Cubra o tracejado e continue fazendo o número 5.

5 ___ ___ ___ ___ ___ ___ ___

3 Desenhe uma coroa na cabeça de cada rei. Depois, conte quantas coroas você desenhou e escreva o número no quadrinho.

Matemática

4 Conte as bolinhas e escreva o número ao lado delas.

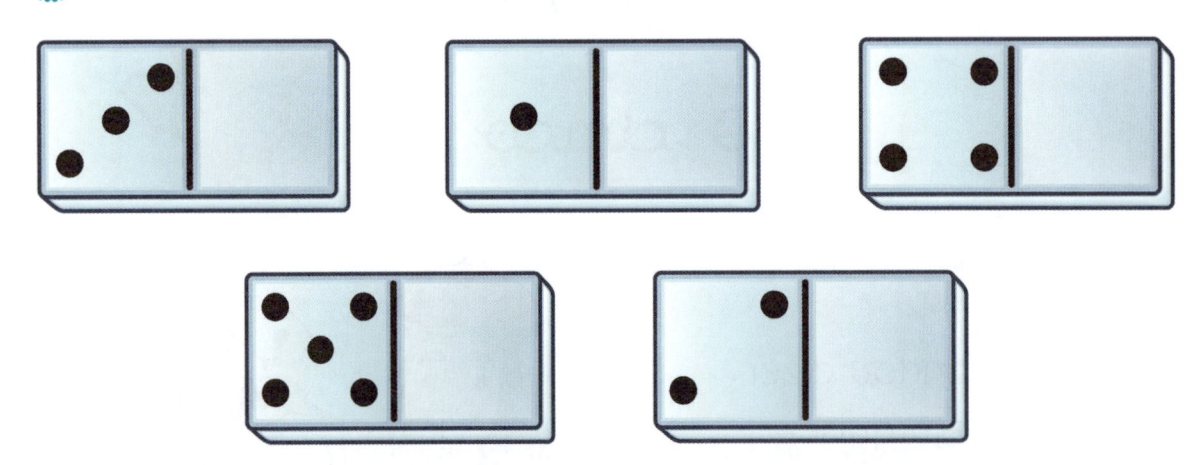

5 Encontre na cena os elementos indicados na legenda, conte-os e escreva o número no quadrinho.

Número 6

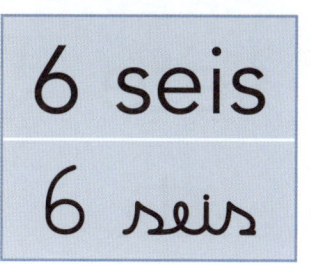

6 seis
6 seis

Vamos cantar

Um, dois, feijão com arroz
Três, quatro, feijão no prato
Cinco, seis, arroz chinês...

Cantiga.

Atividades

1 Cubra o tracejado e descubra o número 6.

6 6 6 6 6 6 6 6

2 Cubra o tracejado e continue fazendo o número 6.

6 _____

3 Circule **6** pratos de feijão com arroz.

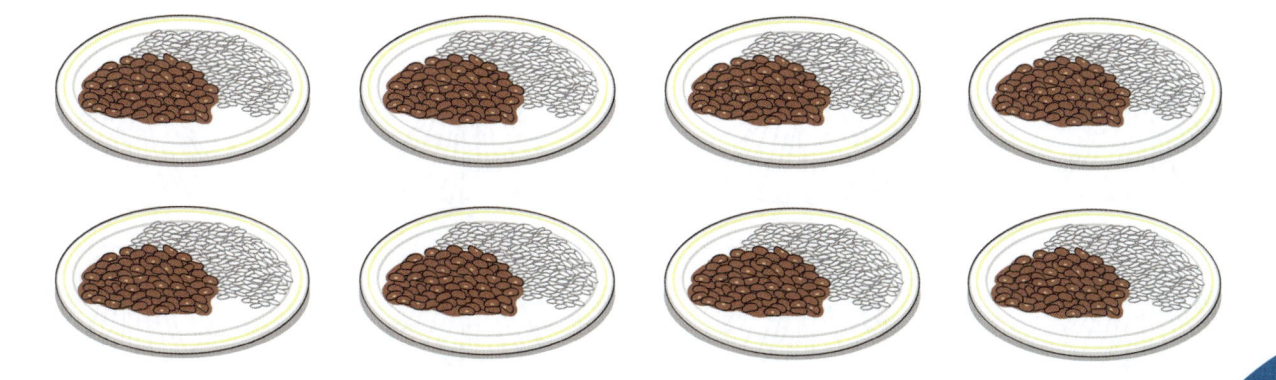

Matemática

Número 7

7 sete
7 sete

Vamos cantar

A barata diz que tem
Sete saias de filó.
É mentira da barata
Ela tem é uma só!

Cantiga.

Atividades

1 Cubra o tracejado e descubra o número 7.

7 7 7 7 7 7 7 7

2 Cubra o tracejado e continue fazendo o número 7.

7 _____ _____ _____ _____ _____ _____ _____

3 Pinte **7** saias.

200 **Matemática**

Número 8

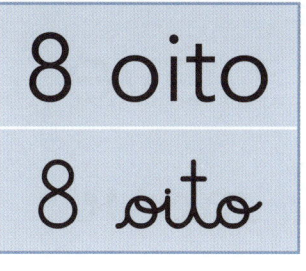

8 oito
8 oito

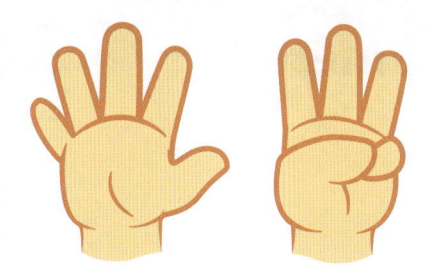

Vamos cantar

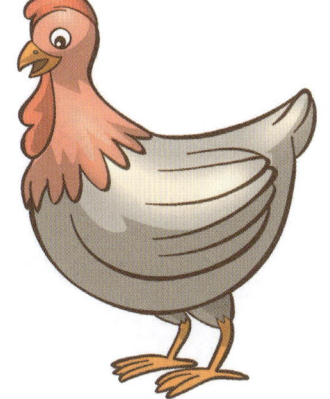

A galinha do vizinho
Bota ovo amarelinho.
Bota um, bota dois,
Bota três, bota quatro,
Bota cinco, bota seis,
Bota sete, bota oito...

Cantiga.

Atividades

1 Cubra o tracejado e descubra o número 8.

8 8 8 8 8 8 8 8

2 Cubra o tracejado e continue fazendo o número 8.

8 ___ ___ ___ ___ ___ ___ ___

3 A galinha botou **8** ovos. Desenhe-os.

Número 9

9 nove
9 nove

Vamos cantar

Serra, serra, serrador
Quantas serras já serrou?
Já serrei 9.
1, 2, 3, 4, 5, 6, 7, 8, 9.

Cantiga.

Atividades

1 Cubra o tracejado e descubra o número 9.

9 9 9 9 9 9 9 9

2 Cubra o tracejado e continue fazendo o número 9.

9 ___ ___ ___ ___ ___ ___ ___

3 Conte e pinte **9** tábuas.

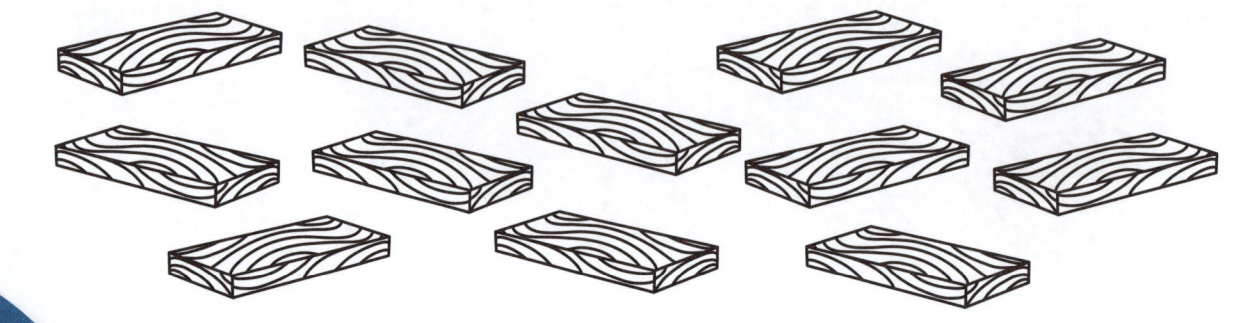

4 Encontre na cena os elementos indicados na legenda, conte-os e escreva o número no quadrinho.

5 Ligue os pontos de **1** a **9** para descobrir a figura.

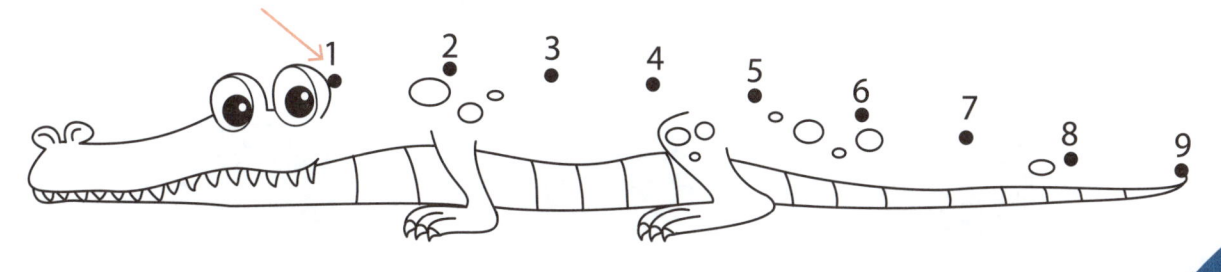

Matemática 203

Número 0

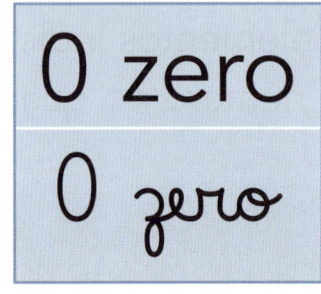

0 zero
0 zero

Vamos ler

Cadê o toucinho que estava aqui?
O gato comeu.
Cadê o gato?
Subiu no telhado.

Parlenda.

Ausência de unidades é representada pelo número **0**.

Atividades

1 Cubra o tracejado e descubra o número 0.

0 0 0 0 0 0 0 0

2 Cubra o tracejado e continue fazendo o número 0.

0 _____

3 Marque um **X** na tigela que pode ser representada pelo número **0**.

Matemática

Os números e seus vizinhos (antes e depois)

Alice tem dois vizinhos: o da direita e o da esquerda. Observe o número das casas. Pode-se dizer que os números, organizados em sequência, também têm vizinhos.
O único número que só tem um vizinho é o **0**.

Atividades

1 Escreva os vizinhos dos números a seguir.

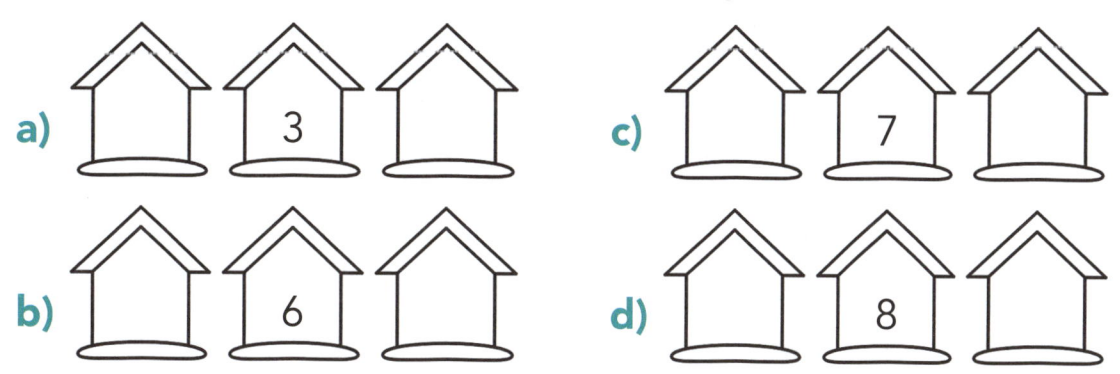

a) 3

b) 6

c) 7

d) 8

2 Complete a trilha com os vizinhos dos números dados.

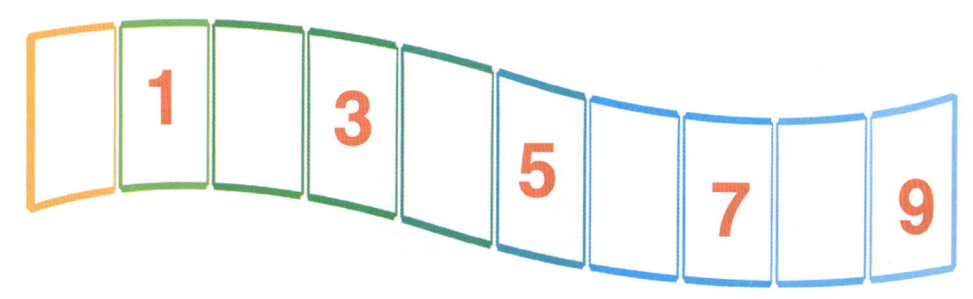

1 3 5 7 9

Conjuntos

Passando uma linha em volta de alguns elementos, temos a representação de um conjunto.

Conjunto unitário é aquele que contém um elemento.

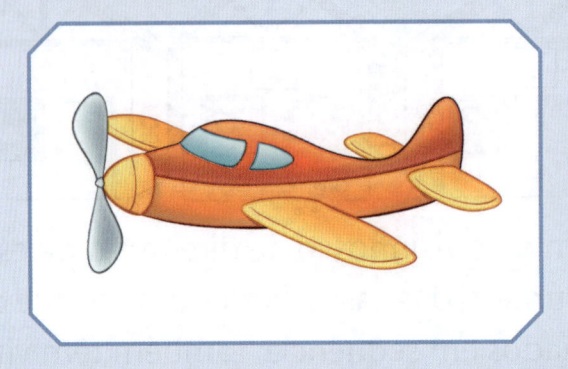

Conjunto vazio é aquele que não contém elementos.

Atividades

1) Faça uma linha fechada curva no único elemento que forma um conjunto unitário.

2. Desenhe um conjunto vazio.

3. Ligue o nome de cada conjunto às imagens que o representam.

conjunto vazio

conjunto unitário

Matemática 207

Ordem crescente e ordem decrescente

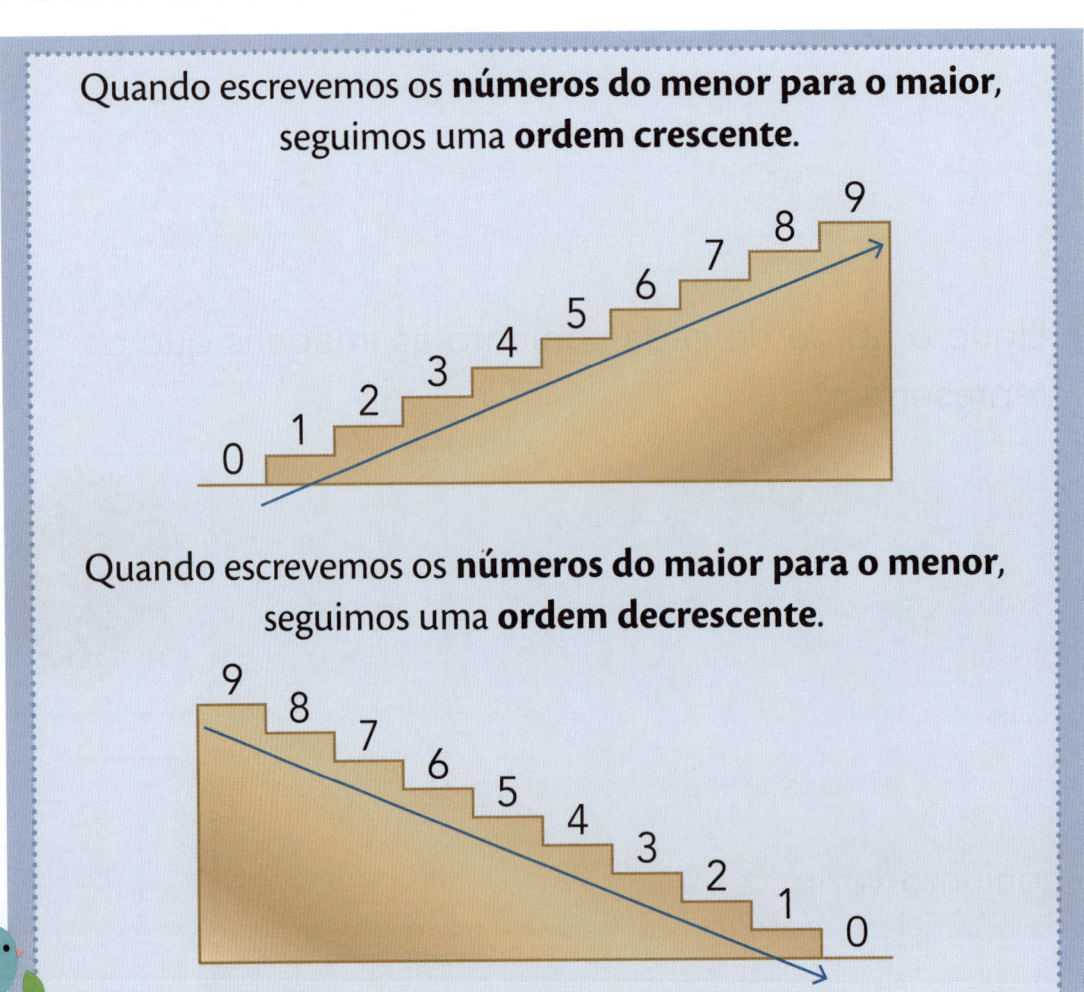

Quando escrevemos os **números do menor para o maior**, seguimos uma **ordem crescente**.

Quando escrevemos os **números do maior para o menor**, seguimos uma **ordem decrescente**.

Atividades

1. Termine de numerar os degraus em ordem crescente.

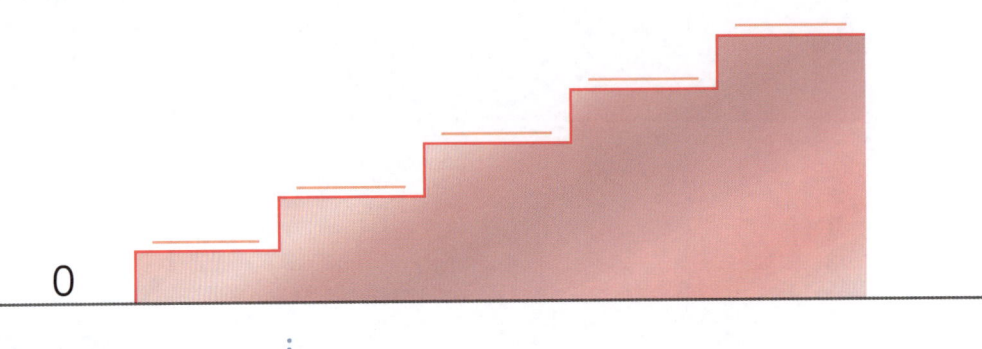

2 Pinte os ☐ seguindo a ordem decrescente.

| 9 | 8 | 7 | 6 | 5 | 4 | 3 | 2 | 1 |

3 Leve o gato à vasilha com água. Siga a trilha que apresenta os números em ordem crescente.

			1	2	3	4		
						5		
						6		
1						7	8	9
7								
3								
4	2	6	3	8	1			

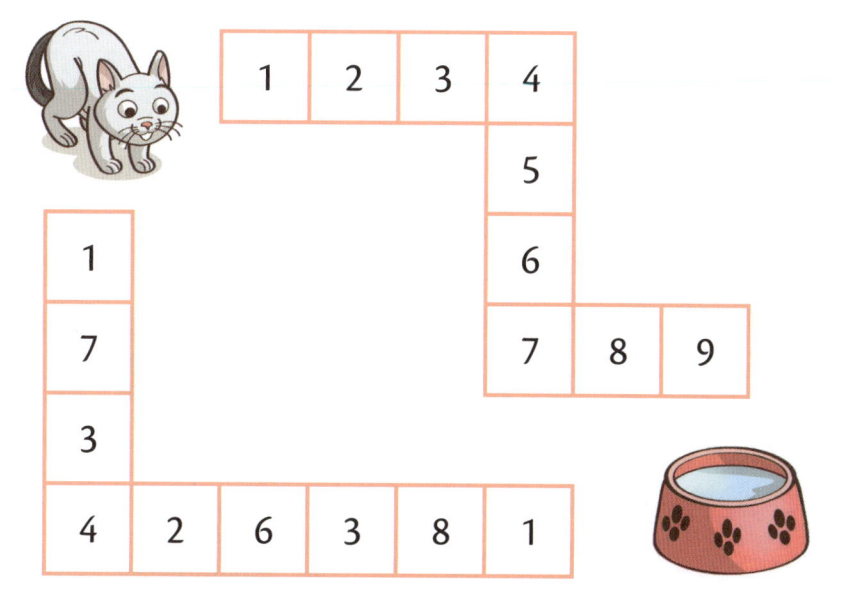

Matemática 209

Unidade

Lucas e Alice estão brincando com cubos.

4 cubos = 4 elementos = 4 unidades
Cada 🟧 (cubo) representa 1 unidade.
Observe:

4 elementos
4 unidades

Unidades
||||
4 → quatro

Atividade

1 Conte as unidades e escreva a quantidade no quadro valor de lugar. Depois, escreva por extenso o número formado. Observe o exemplo.

a) __3__ elementos

__3__ unidades

Unidades
|||
3 → três

210 Matemática

b) _____ elementos

Unidades: |||||

_____ unidades _____ → _____

c) _____ elemento

Unidades: |

_____ unidade _____ → _____

d) _____ elementos

Unidades: ||||||

_____ unidades _____ → _____

e) _____ elementos

Unidades: |||||||||

_____ unidades _____ → _____

f) _____ elementos

Unidades: |||||||

_____ unidades _____ → _____

g) _____ elementos

Unidades: ||

_____ unidades _____ → _____

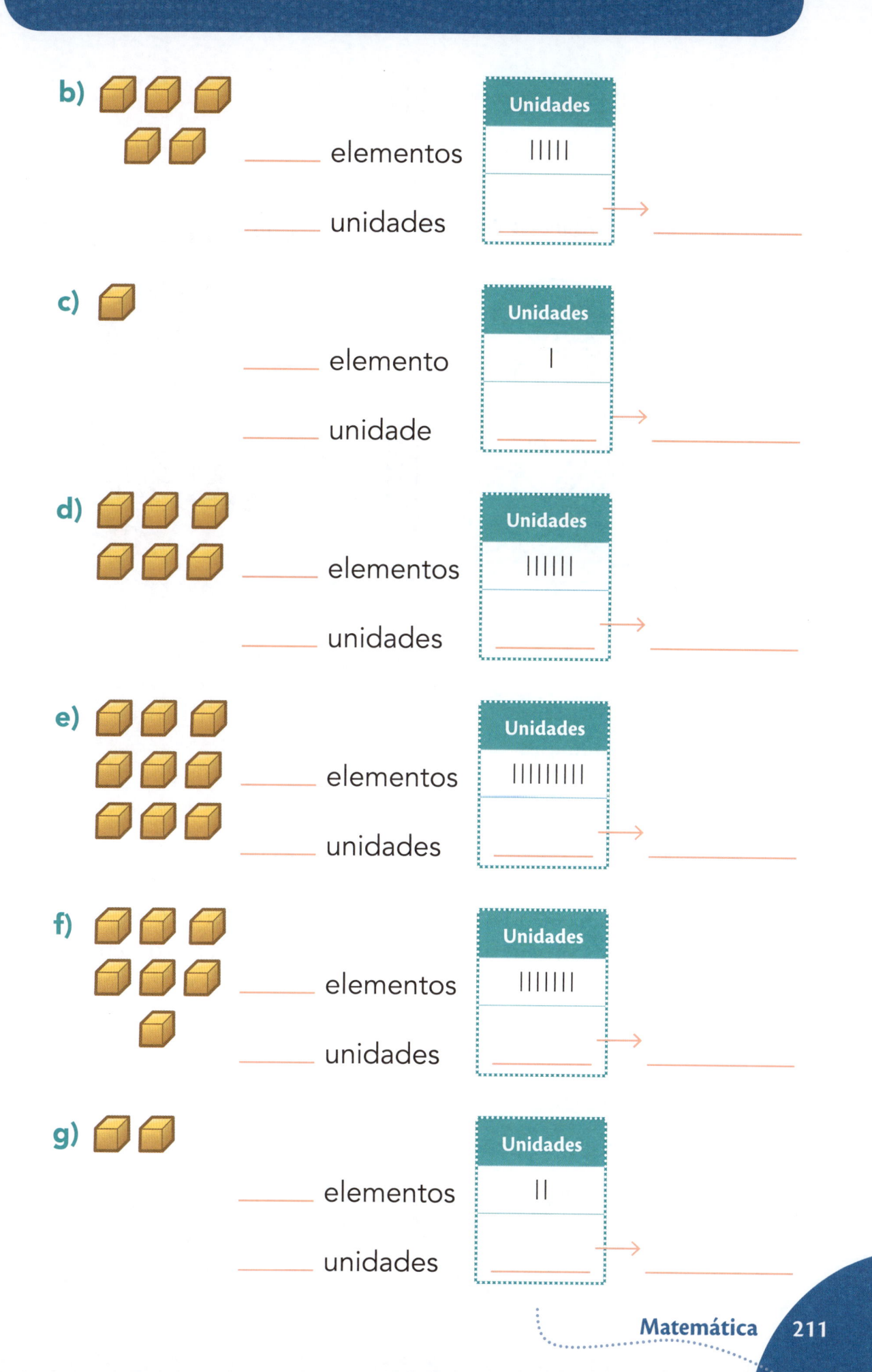

Matemática

Dezena – número 10

> Agora são dez (10)!

> Nove (9) cubos.

10 elementos
10 unidades

Dezenas	Unidades
1	0

10 ⟶ dez

Toda vez que tivermos **10 elementos** na ordem das unidades, podemos transformá-los em **1 dezena** transferindo esses elementos da ordem das unidades para a ordem das dezenas.

Atividades

1 Conte 10 joaninhas e pinte-as.

212 **Matemática**

2 Complete a cantiga com os números que faltam e cante-a.

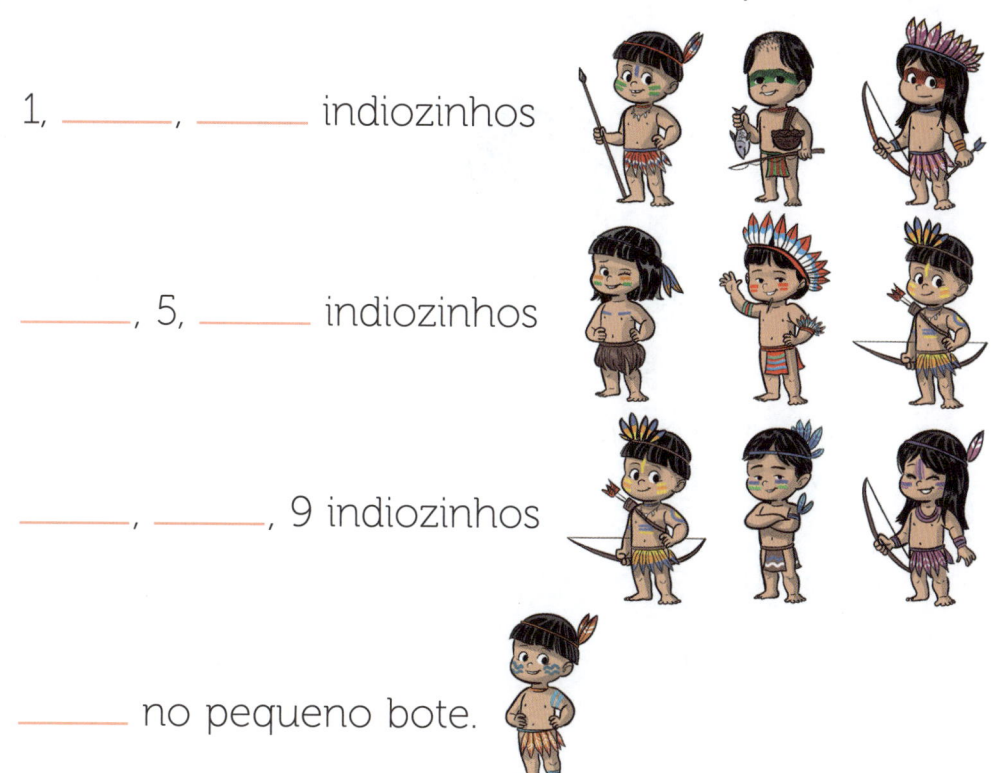

1, _____, _____ indiozinhos

_____, 5, _____ indiozinhos

_____, _____, 9 indiozinhos

_____ no pequeno bote.

Iam navegando pelo rio abaixo
Quando um jacaré se aproximou
E o pequeno bote dos indiozinhos
Quase, quase virou.

Cantiga.

3 Ligue os pontos em ordem crescente para formar o bote dos indiozinhos.

Matemática 213

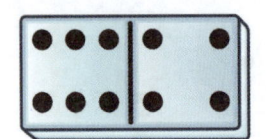

Escrita dos números até 10

Dez!

Observe a escrita do nome dos números:

0	zero	6	seis
1	um	7	sete
2	dois	8	oito
3	três	9	nove
4	quatro	10	dez
5	cinco		

Atividades

1 Conte os pontos de cada dominó e escreva o número por extenso.

a)

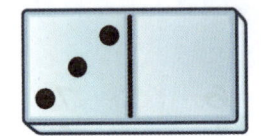

b)

214 Matemática

c)

d)

e)

f)

g)

h)

i)

j)

k)

2 Encontre no diagrama a escrita dos números de 1 a 10.

D	U	W	S	E	T	E	N	Ê
O	M	Q	U	A	T	R	O	O
I	Ê	B	T	R	Ê	S	V	I
S	X	S	E	I	S	W	E	T
D	E	Z	Q	C	I	N	C	O

Matemática 215

Dezena e meia dezena

Uma dezena de pães, por favor.

10 pães

O conjunto de **10 unidades** é igual a **uma dezena**.
O conjunto de **5 unidades** é igual a **meia dezena**.

Atividades

1 Pinte meia dezena de pães.

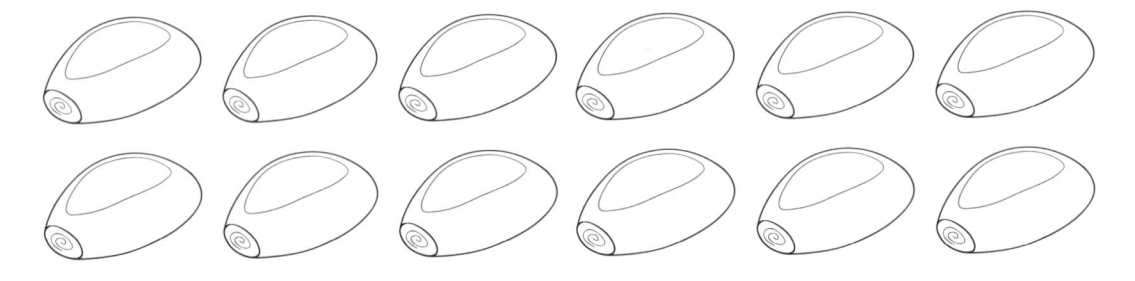

2 Desenhe mais lápis até formar uma dezena.

Matemática

3 Circule a galinha que tem meia dezena de filhotes e escreva o número no quadrinho.

☐

4 Escreva o número corretamente. Use as palavras do quadro.

> meia dezena – uma dezena

a) 10 _____

b) 5 _____

5 Marque um **X** nos conjuntos que unidos formam uma dezena de pregadores.

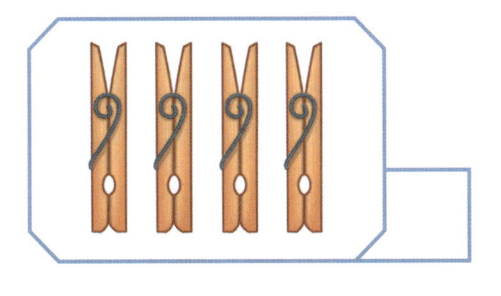

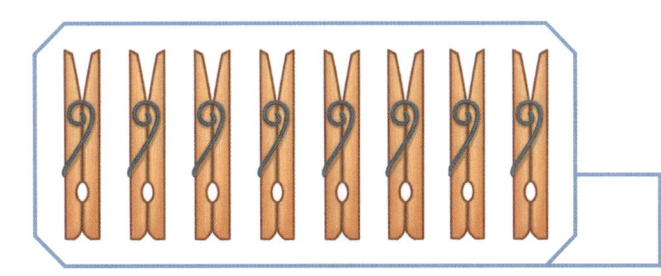

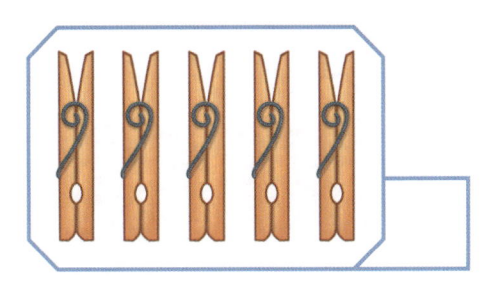

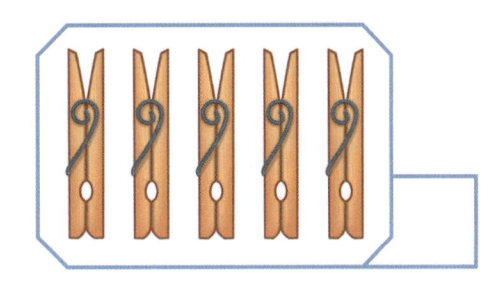

Matemática 217

Trabalhando com sinais

Sinal de igual (=) e sinal de diferente (≠)

3 = 3   3 ≠ 2

Para indicar quantidades **iguais** é utilizado o sinal =.
Para indicar quantidades **diferentes** é utilizado o sinal ≠.

Atividades

1 Conte os elementos de cada conjunto, escreva o número correspondente e compare as quantidades utilizando os sinais = ou ≠.

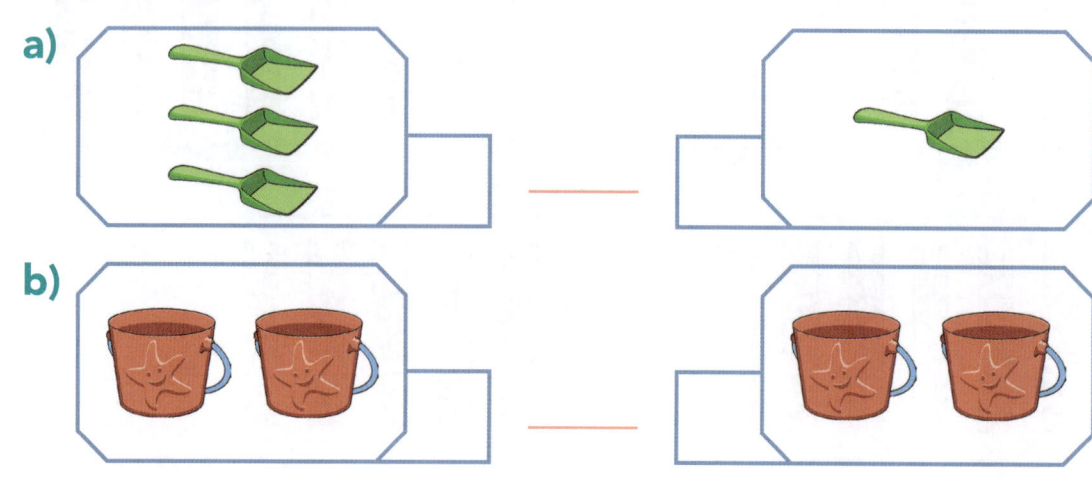

a)

b)

218   Matemática

2) Faça desenhos nos conjuntos de modo que as sentenças fiquem corretas. Observe o sinal indicado.

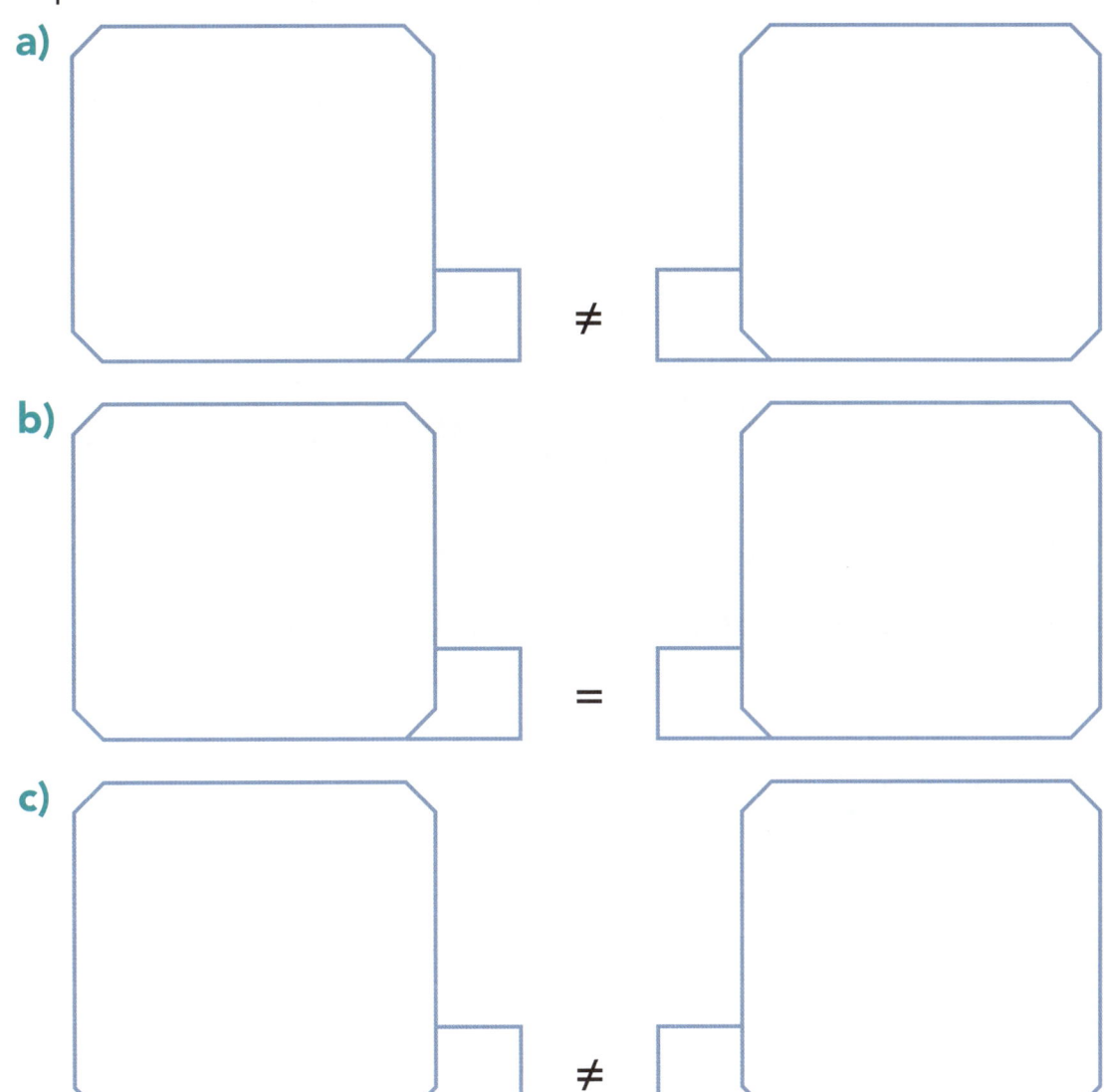

a) ≠

b) =

c) ≠

3) Escreva um número em cada quadrinho. Depois, utilize o sinal de = ou ≠ para comparar os números de cada item.

a) 9 _____ ☐

b) 5 _____ ☐

c) ☐ _____ 8

d) 3 _____ ☐

e) ☐ _____ 7

f) 4 _____ ☐

Matemática 219

Sinal de menor que (<) e sinal de maior que (>)

6 > 3
Lê-se: 6 é **maior que** 3.

2 < 5
Lê-se: 2 é **menor que** 5.

Atividades

1 Conte e escreva a quantidade de quadrinhos de cada barrinha. Depois, complete as sentenças com o sinal de > ou <.

a)

b)

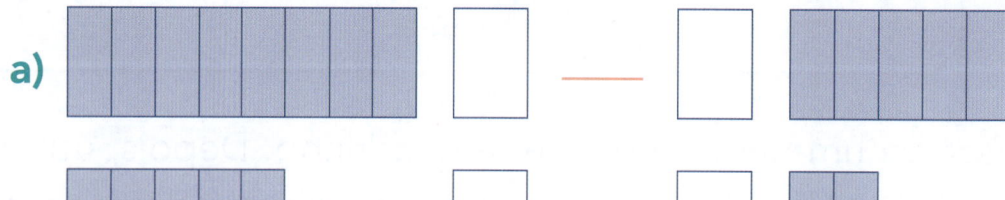

c)

d)

2 Quando necessário, faça desenhos nos conjuntos vazios de modo que as sentenças fiquem corretas.

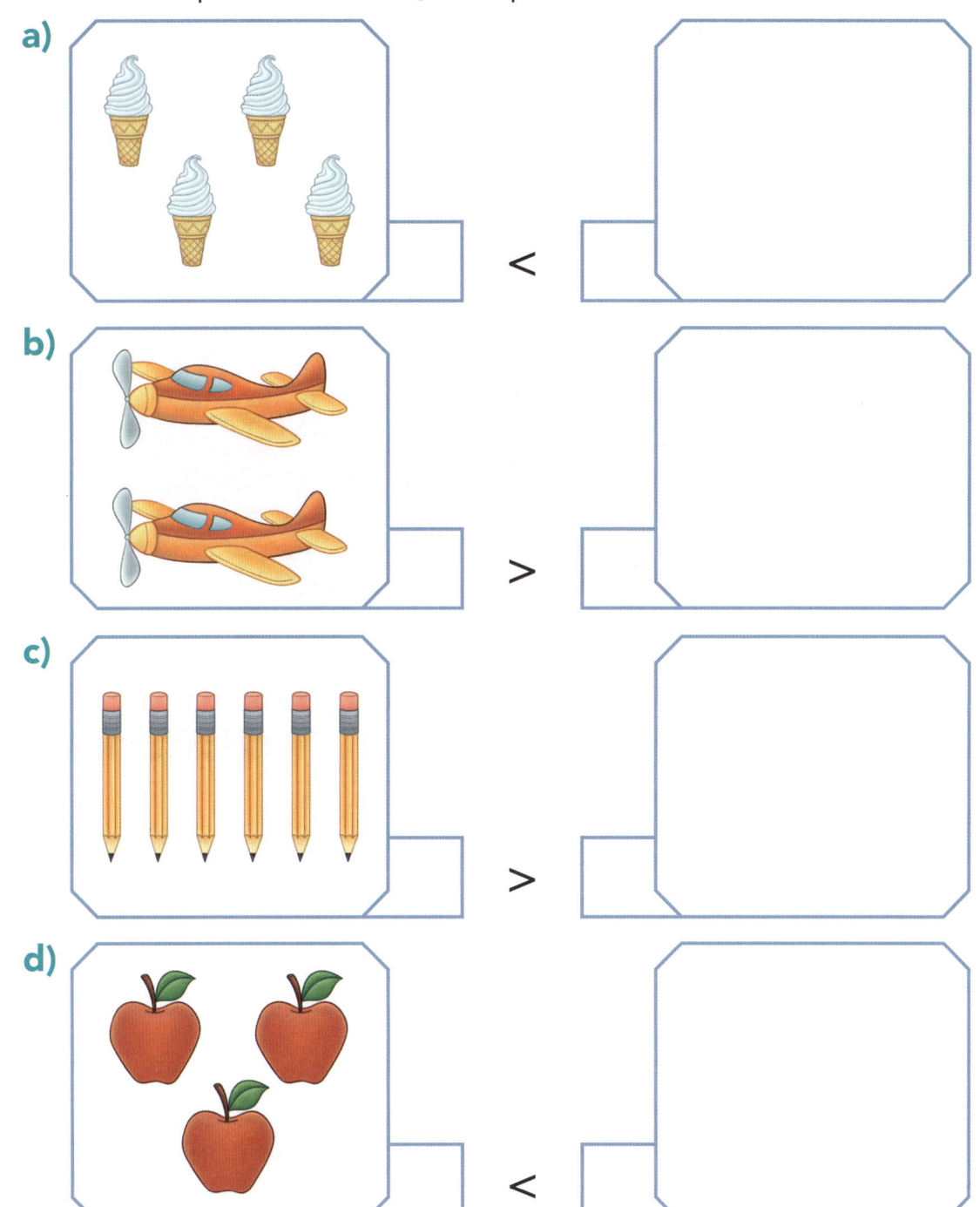

a) [4 sorvetes] < [ ]

b) [2 aviões] > [ ]

c) [6 lápis] > [ ]

d) [3 maçãs] < [ ]

3 Use corretamente o sinal de > ou <.

a) 2 _____ 7   c) 8 _____ 9   e) 1 _____ 8

b) 5 _____ 3   d) 6 _____ 4   f) 7 _____ 3

Sinal de união (∪)

Utilizamos o sinal **∪** para unir dois ou mais conjuntos em um só.

Vamos unir os dois aquários em um só!

Atividade

1) Utilize o sinal **∪** e desenhe os elementos no conjunto vazio para demonstrar a união dos dois conjuntos.

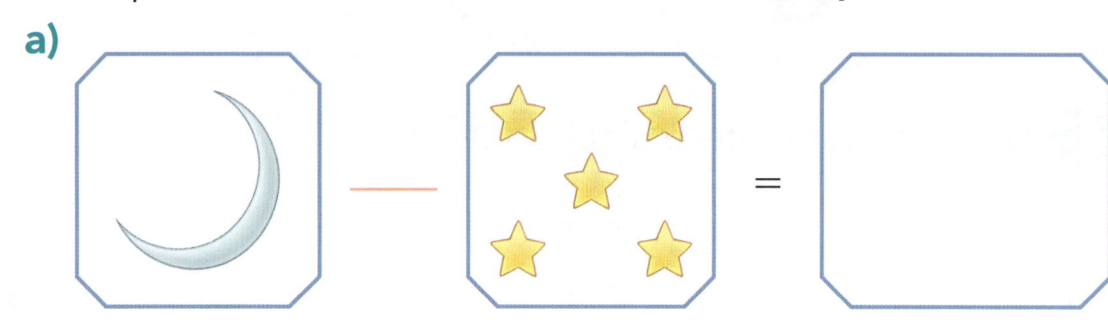

a)

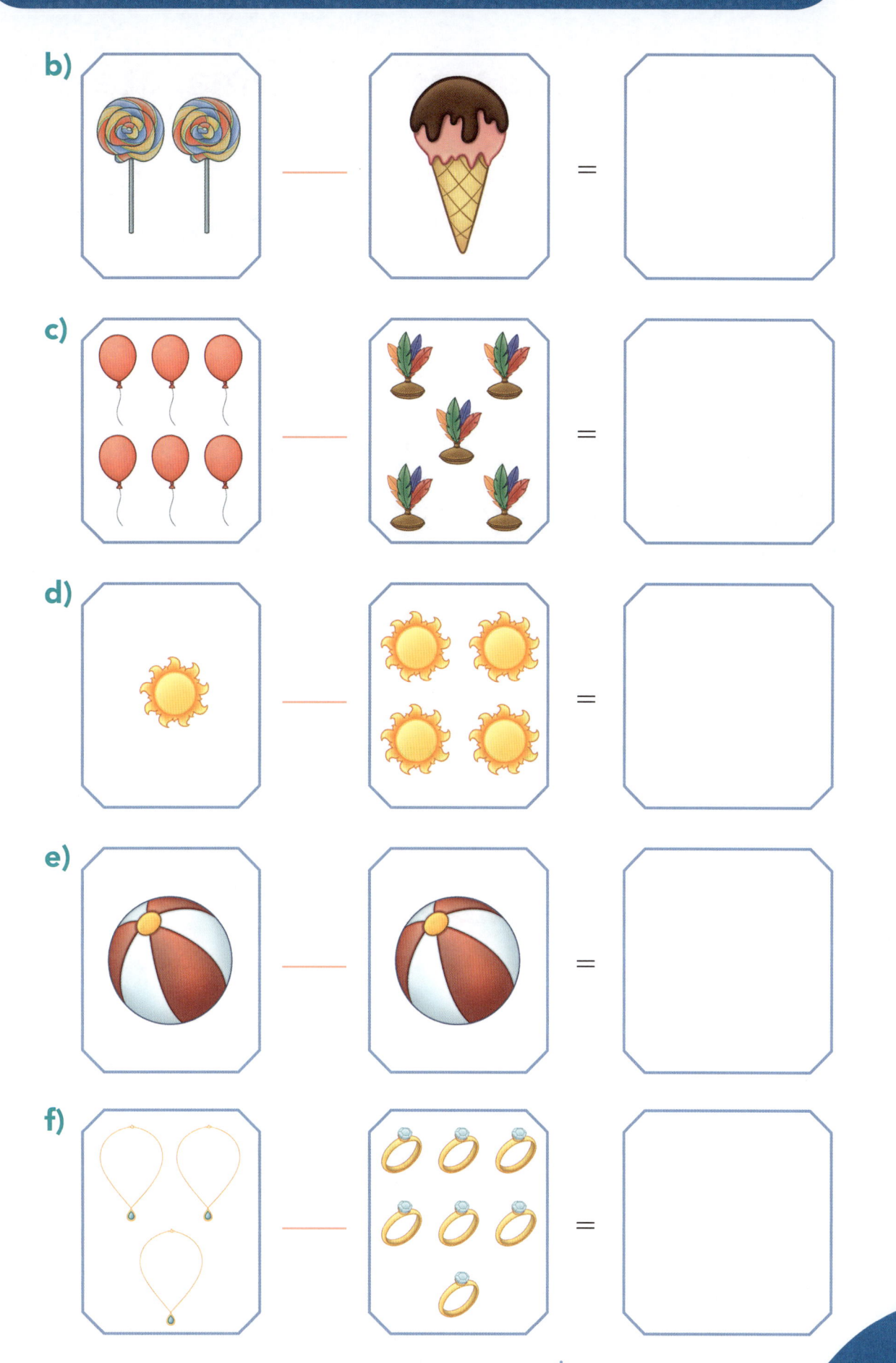

b) 🍭🍭 − 🍦 =

c) 🎈🎈🎈🎈🎈🎈 − 🪴🪴🪴🪴🪴 =

d) ☀️ − ☀️☀️☀️☀️ =

e) ⚽ − ⚽ =

f) 📿📿📿 − 💍💍💍💍💍💍💍 =

Matemática

Sistema de numeração decimal até o 20

Observe:

Dezenas	Unidades
1	1

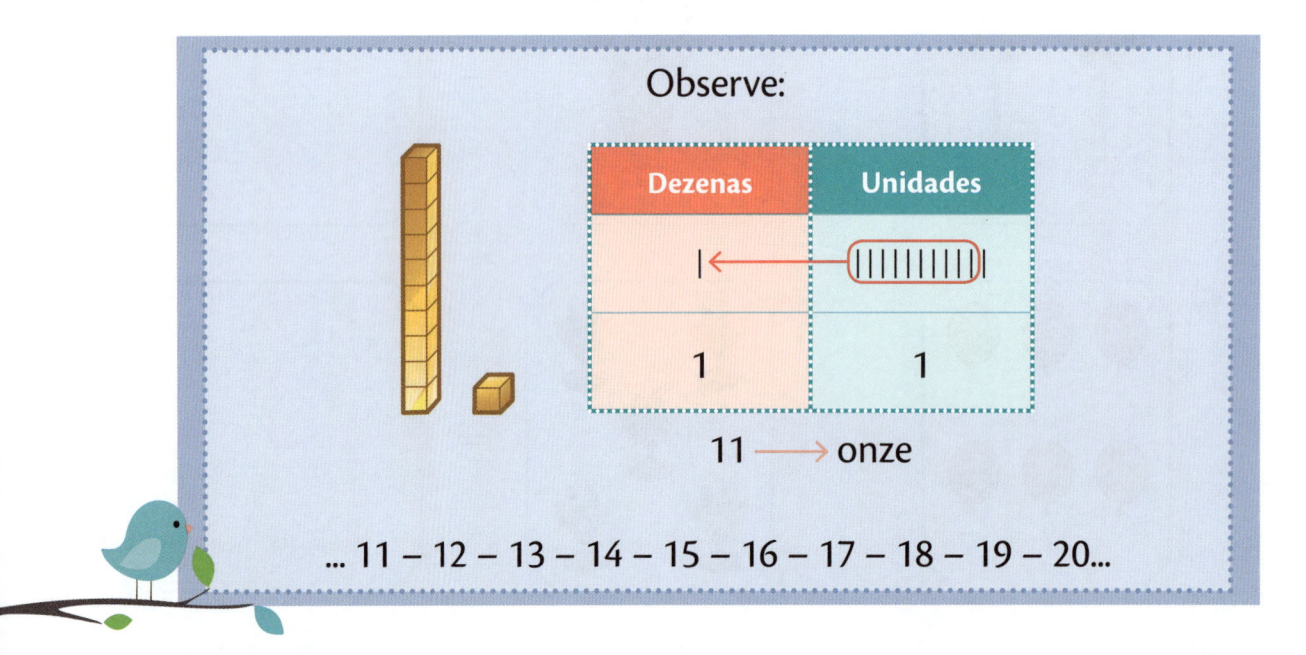

11 → onze

... 11 – 12 – 13 – 14 – 15 – 16 – 17 – 18 – 19 – 20...

Atividades

1 Conte as unidades e represente a quantidade no quadro valor de lugar. Depois, escreva por extenso o número formado. Veja o exemplo.

a)

Dezenas	Unidades	
I	II	= doze
1	2	= doze

b)

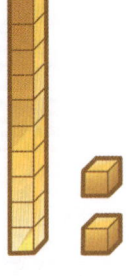

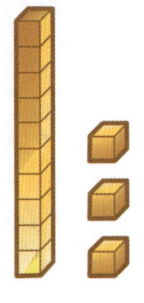

Dezenas	Unidades	
		= treze
		= _____

c)
Dezenas	Unidades

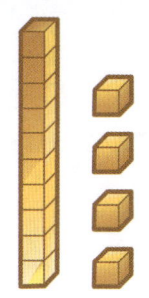

= catorze

= _____

d)
Dezenas	Unidades

= quinze

= _____

e)
Dezenas	Unidades

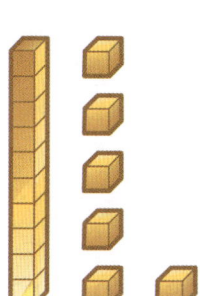

= dezesseis

= _____

f)
Dezenas	Unidades

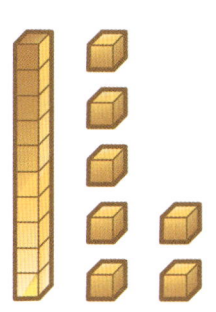

= dezessete

= _____

g)
Dezenas	Unidades

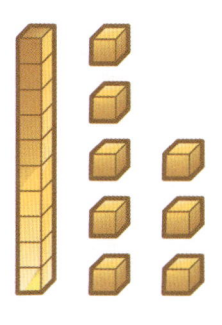

= dezoito

= _____

Matemática

h)

Dezenas	Unidades
_____	_____

= dezenove

= _____

i)

Dezenas	Unidades
_____	_____

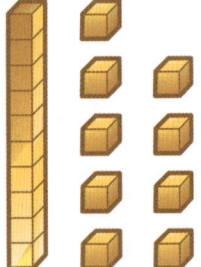

= vinte

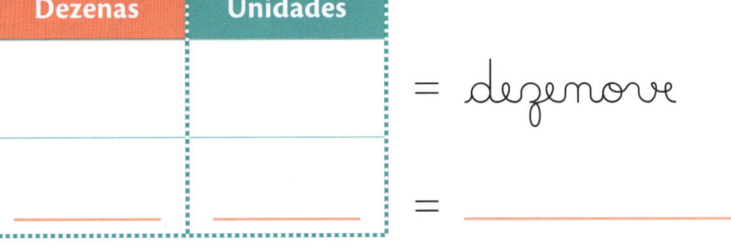

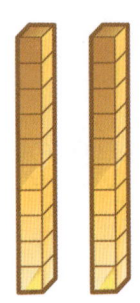

= _____

2 Complete a sequência numérica do 1 ao 20.

1 _____ 3 _____ _____ _____ 7 _____ _____ _____ _____

12 _____ _____ _____ _____ 17 _____ _____ _____

3 Conte as frutas e escreva o número correspondente:

Adição

Vamos cantar

Sete e sete são catorze, sereia!
Com mais sete vinte e um, sereia!
Tenho sete namorados, sereia!
Só posso casar com um, oh sereia!

Cantiga.

Adição é a operação que junta quantidades ou acrescenta uma quantidade à outra. O sinal de adição é o **+** (mais).

Observe a imagem:

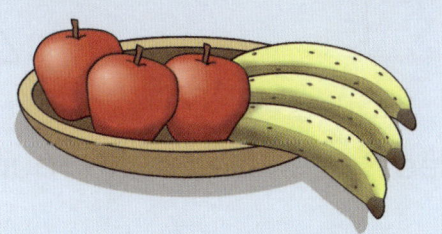

Quantas maçãs e quantas bananas há na cesta?

🍎 3

🍌 3

Quantas frutas há no total?

No total há __6__ frutas.

Matemática 227

Atividades

1 Observe as imagens e calcule.

a) Júlia colocou em seu pratinho 🍪🍪 e 🍡🍡.

Quantos:

🍪 ? ☐   🍡 ? ☐

No total são _____ doces.

b) Rita fez a mala e colocou 👕👕 e 👗.

Quantas:

👕 ? ☐   👗 ? ☐

No total são _____ peças de roupas.

c) Miguel ganhou 🏐, 🎋 e 🚗🚗.

Quantos:

🏐 ? ☐   🎋 ? ☐

🚗🚗 ? ☐

No total são _____ brinquedos.

Matemática

2 Calcule os pontos dos dados.

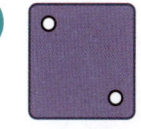

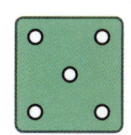

a) [dado 2] [dado 5]

_____ + _____ = _____

b) [dado 1] [dado 3]

_____ + _____ = _____

c) [dado 3] [dado 5]

_____ + _____ = _____

d) [dado 1] [dado 1]

_____ + _____ = _____

e) [dado 4] [dado 4]

_____ + _____ = _____

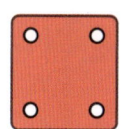

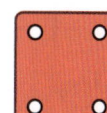

f)  [dado 5] [dado 1]

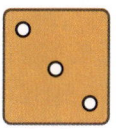

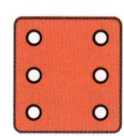

_____ + _____ = _____

3 Pinte o quadro com o resultado correto da adição.

a) 5 + 0

8   5   6

b) 1 + 9

10   11   15

c) 3 + 4

6   9   7

d) 2 + 6

10   8   9

e) 7 + 2

8   1   9

f) 3 + 3

9   6   15

Matemática 229

4) Resolva as adições. Veja o exemplo.

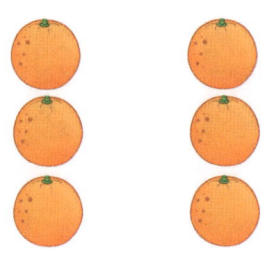

a) 1 + 1 = 2

c) ____ + ____ = ____

b) ____ + ____ = ____

d) ____ + ____ = ____

5) Ligue as adições à resposta correta.

a) 3 + 5   7   d) 4 + 5   5

b) 1 + 6   9   e) 5 + 5   10

c) 9 + 0   8   f) 1 + 4   9

6) Observe com atenção outra maneira de fazer uma adição e continue a atividade.

1 + 7 = 8   ou $\begin{array}{r} 1 \\ + 7 \\ \hline 8 \end{array}$

a) $\begin{array}{r} 3 \\ + 2 \\ \hline \end{array}$
b) $\begin{array}{r} 6 \\ + 0 \\ \hline \end{array}$
c) $\begin{array}{r} 4 \\ + 4 \\ \hline \end{array}$
d) $\begin{array}{r} 5 \\ + 0 \\ \hline \end{array}$

Matemática

Sistema de numeração decimal até o 29

20 elementos formam 2 dezenas

Dezenas	Unidades
2	0

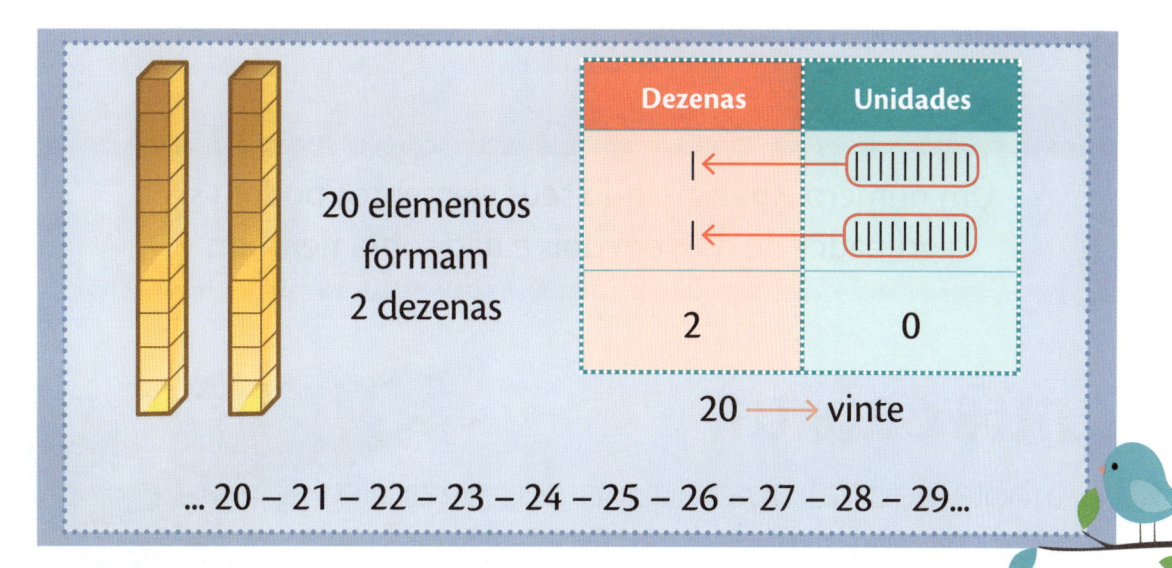

20 → vinte

... 20 – 21 – 22 – 23 – 24 – 25 – 26 – 27 – 28 – 29...

Atividades

1 Escreva o número que fica entre os indicados a seguir.

a) 20 _____ 22

b) 27 _____ 29

c) 25 _____ 27

d) 23 _____ 25

e) 21 _____ 23

f) 26 _____ 28

2 Leia os números por extenso e escreva-os com algarismos.

a) vinte e três _____

b) vinte e seis _____

c) vinte e cinco _____

d) vinte e nove _____

3 Complete a régua com os números que estão faltando.

15 .... 22 .... 26 29

Matemática

Números pares e números ímpares

Par

Um número é **par** quando seus elementos podem ser agrupados de dois em dois e não sobra nenhum.

Vamos cantar

Ai bota aqui, ai bota aqui o seu pezinho
O seu pezinho bem juntinho com o meu
E depois não vai dizer
Que você se arrependeu.

Cantiga.

Todos os números terminados em **0, 2, 4, 6** e **8** são **pares**.

232 **Matemática**

Atividade

1. É hora de dançar na festa da bicharada! Circule os animais formando pares. Depois, indique a quantidade de animais e marque um **X** nos números pares.

cachorros ☐   patos ☐   gatos ☐

cavalos ☐   ovelha ☐   coelhos ☐

Matemática

Ímpar

Um número é **ímpar** quando seus elementos podem ser agrupados de dois em dois e sobram elementos.

Todos os números terminados em **1**, **3**, **5**, **7** e **9** são **ímpares**.

Atividades

1 José e Marta estão jogando botões. O time de José é formado pelos botões de números pares, e o de Marta pelos botões de números ímpares. Pinte os botões de cada criança da mesma cor da camisa dela.

Agora, organize os times em ordem crescente.

a) Números pares: _____.

b) Números ímpares: _____.

2 Circule as cartas com numeração ímpar.

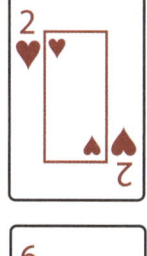

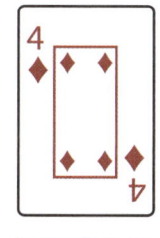

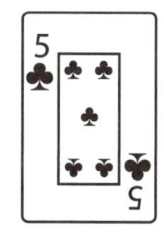

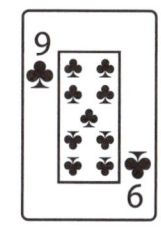

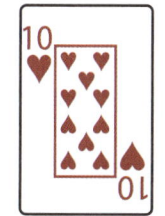

Sistema de numeração decimal até o 39

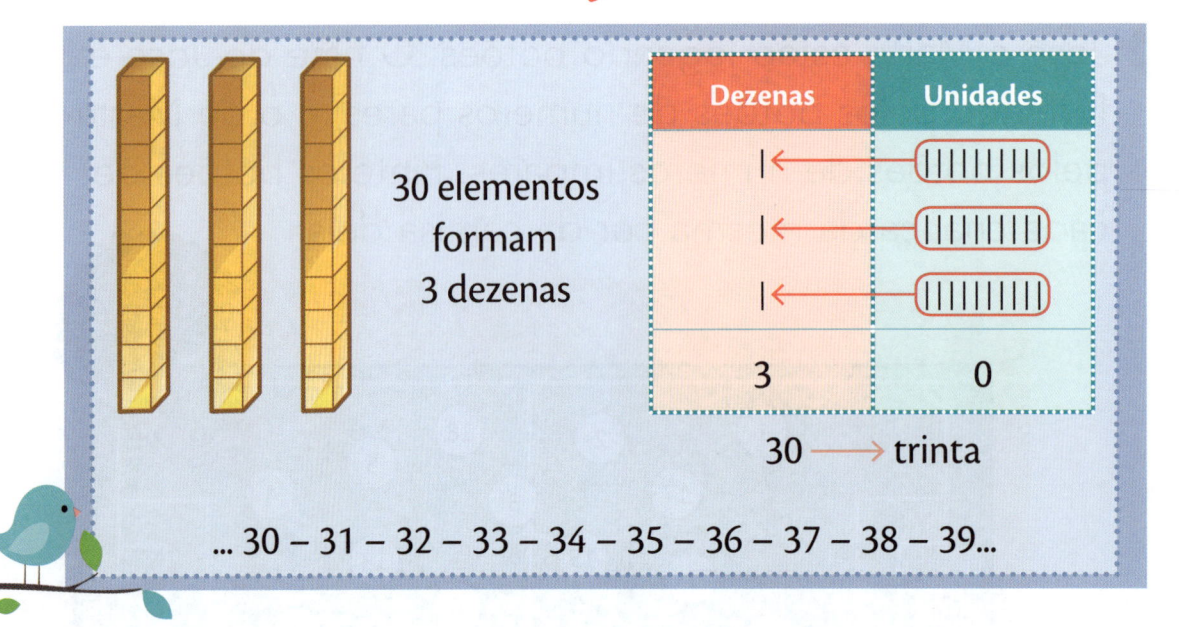

30 elementos formam 3 dezenas

Dezenas	Unidades
3	0

30 → trinta

... 30 – 31 – 32 – 33 – 34 – 35 – 36 – 37 – 38 – 39...

Atividades

1 Complete o calendário do mês de abril com os números que faltam.

D	S	T	Q	Q	S	S
1	2	___	___	___	___	___
___	___	10	11	___	___	___
___	___	___	___	19	___	21
22	___	___	___	___	27	___
___	___					

2 Leia os números por extenso e escreva-os com algarismos.

a) trinta e cinco _____   c) trinta e nove _____

b) trinta e dois _____   d) trinta e um _____

Números ordinais

Os números ordinais indicam a ordem ou a posição de uma pessoa ou de um objeto em uma sequência.
Observe:

Bruno está no 1º lugar.
Sua família está sentada no 2º degrau da arquibancada.
Conheça alguns ordinais:

1º	primeiro	6º	sexto
2º	segundo	7º	sétimo
3º	terceiro	8º	oitavo
4º	quarto	9º	nono
5º	quinto	10º	décimo

Matemática 237

Atividades

1 Observe a cena. Depois, numere os animais na ordem em que aparecem nela.

2 Leia os nomes e escreva o número correspondente.

a) oitavo ☐   f) quinto ☐

b) décimo ☐   g) nono ☐

c) segundo ☐   h) sexto ☐

d) quarto ☐   i) terceiro ☐

e) primeiro ☐   j) sétimo ☐

Sistema de numeração decimal até o 49

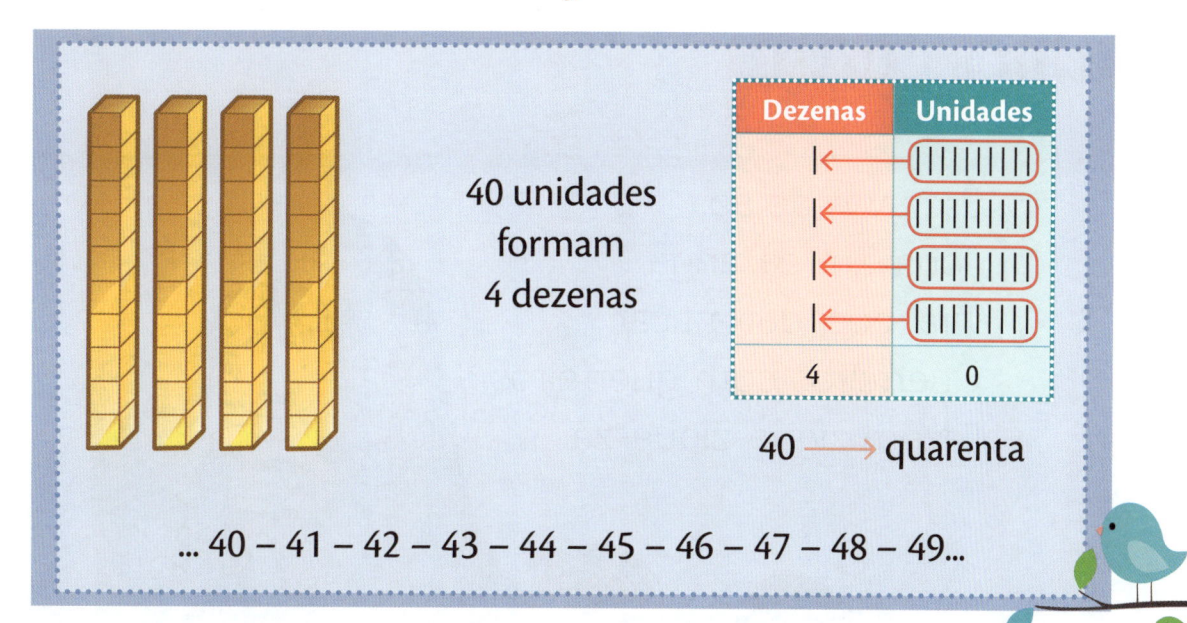

40 unidades formam 4 dezenas

Dezenas	Unidades
4	0

40 ⟶ quarenta

... 40 – 41 – 42 – 43 – 44 – 45 – 46 – 47 – 48 – 49...

Atividade

1 Ligue os pontos seguindo os números do 10 até o 49 e descubra a figura.

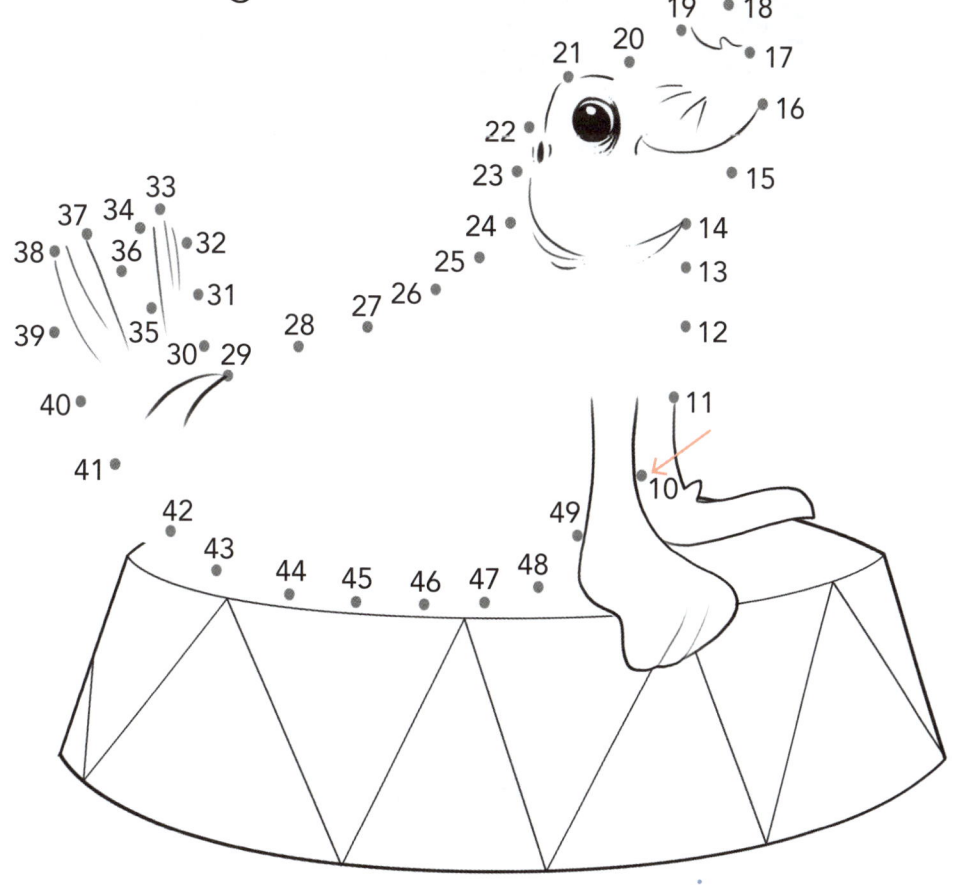

Problemas de adição
Vamos cantar

Escravos de Jó
Jogavam caxangá.
Tira, põe, deixa ficar.
Guerreiros com guerreiros
Fazem zigue-zigue-zá.

Cantiga.

Deise, Mário, Ricardo e Jamile brincam de **escravos de Jó**. Pedro e Laís estão se aproximando para brincar também. Quantas crianças brincarão agora?

Sentença matemática

☐ = 4 + 2

☐ = 6

Cálculo

```
  4
+ 2
---
  6
```

Resposta: Brincarão agora 6 crianças.

Atividade

1) Resolva as situações-problema.

a) Ana tem um aquário com 🐟 peixes. Sua mãe comprou mais 🐟 peixes. Quantos peixes ficarão no aquário?

Sentença matemática	Cálculo
☐ =	
☐ =	

Resposta: Ficarão no aquário _____ peixes.

b) Pedro tem 🚗🚗🚗 figurinhas. Jogando com seu irmão, conseguiu mais 🚗🚗🚗 figurinhas. Com quantas figurinhas Pedro ficou?

Sentença matemática	Cálculo
☐ =	
☐ =	

Resposta: Pedro ficou com _____ figurinhas.

Matemática 241

c) Laís colheu 5 rosas e 5 margaridas. Quantas flores ela colheu?

Sentença matemática   Cálculo

☐ =

☐ =

Resposta: Ela colheu _____ flores.

d) Natália levou para o lanche 2 bananas e 4 morangos. Quantas frutas ela levou?

Sentença matemática   Cálculo

☐ =

☐ =

Resposta: Natália levou _____ frutas.

e) Luís foi ao galinheiro e recolheu 2 ovos no ninho da galinha carijó. Depois, recolheu mais 1 ovo no ninho da galinha branca. Quantos ovos Luís recolheu?

Sentença matemática   Cálculo

☐ =

☐ =

Resposta: Luís recolheu _____ ovos.

Sistema de numeração decimal até o 59

50 unidades formam 5 dezenas

Dezenas	Unidades
5	0

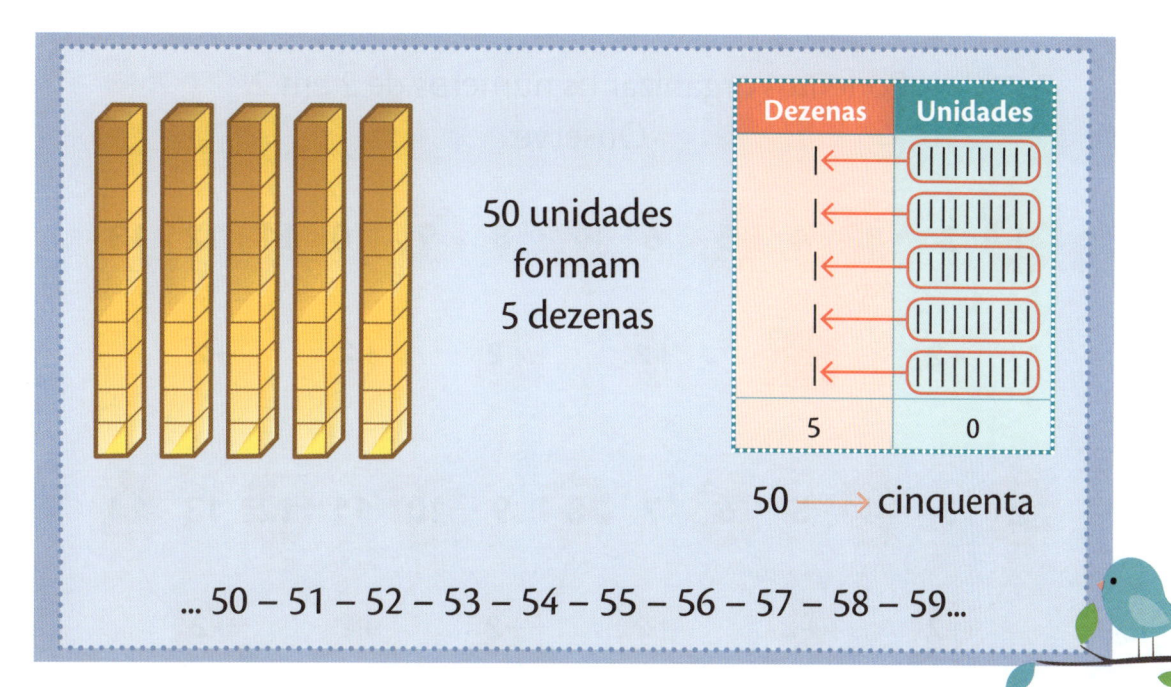

50 ⟶ cinquenta

... 50 – 51 – 52 – 53 – 54 – 55 – 56 – 57 – 58 – 59...

Atividade

1 Conte as unidades e represente a quantidade no quadro valor de lugar. Depois, escreva por extenso o número formado.

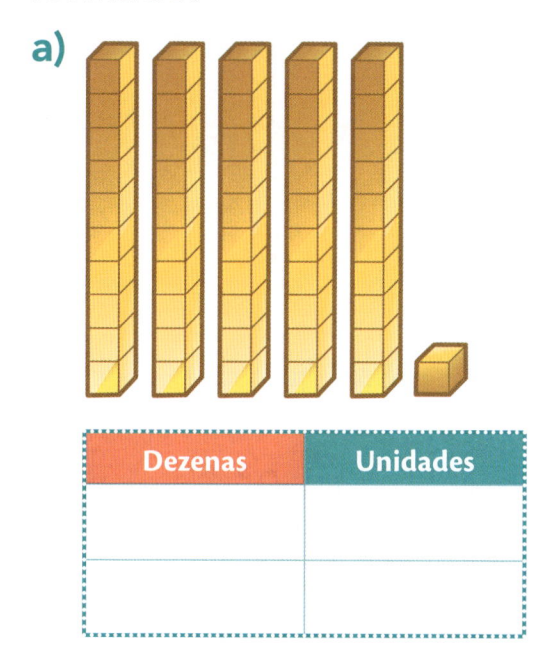

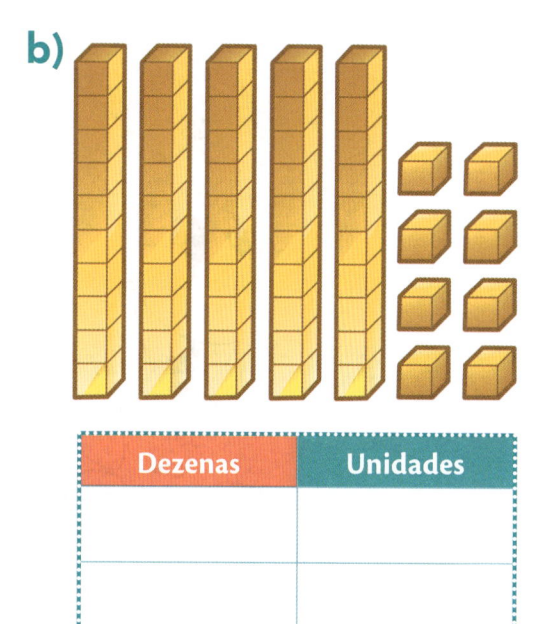

a)

Dezenas	Unidades

b)

Dezenas	Unidades

Matemática

Sequência numérica de 2 em 2

Podemos organizar os números de 2 em 2.
Observe:

1 → +2 → 3 → +2 → 5 → +2 → 7 → +2 → 9 → +2 → 11 → +2 → 13

2 → +2 → 4 → +2 → 6 → +2 → 8 → +2 → 10 → +2 → 12 → +2 → 14

Atividade

1) Ligue os números de 2 em 2 e descubra um animal.

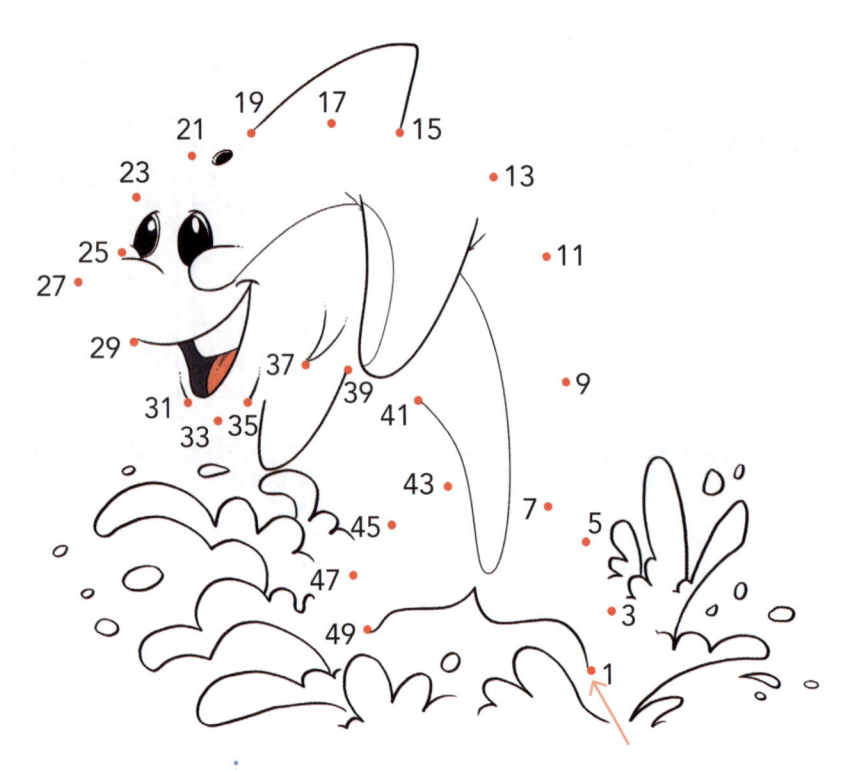

244 Matemática

Dúzia e meia dúzia

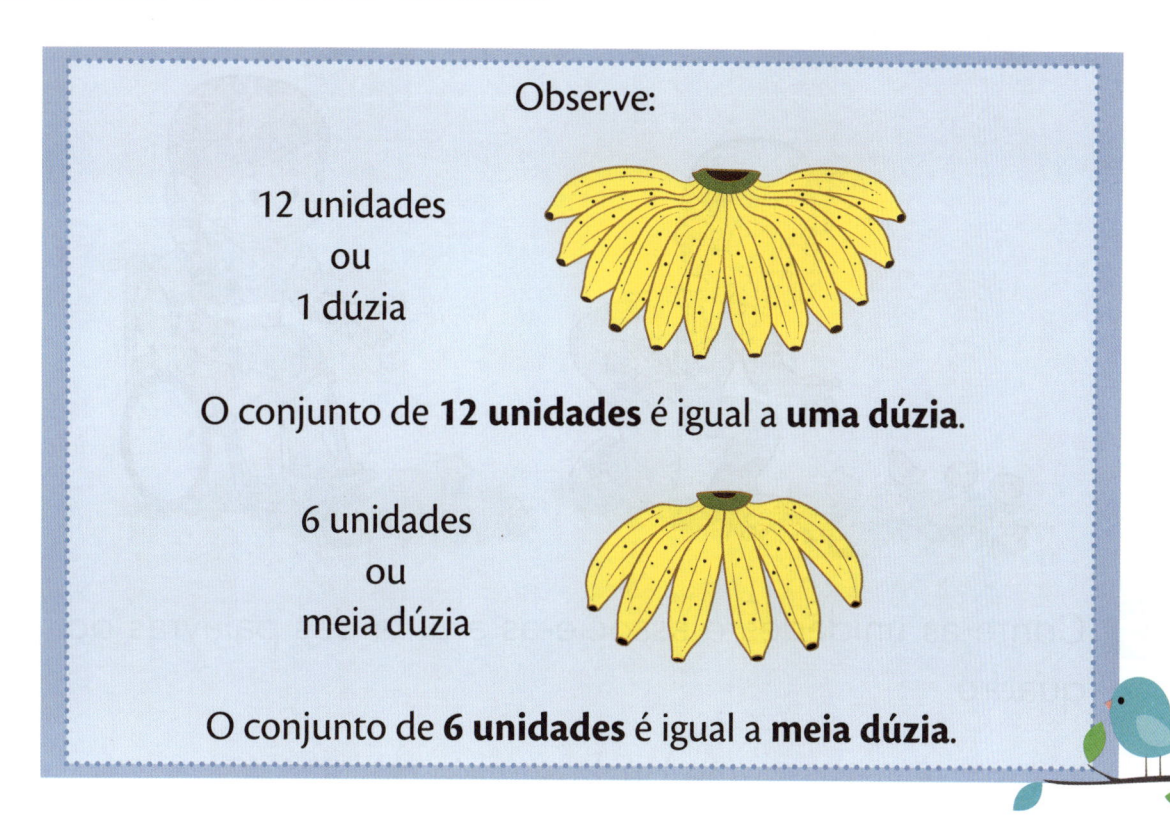

Observe:

12 unidades
ou
1 dúzia

O conjunto de **12 unidades** é igual a **uma dúzia**.

6 unidades
ou
meia dúzia

O conjunto de **6 unidades** é igual a **meia dúzia**.

Atividades

1) Pinte uma dúzia de copos.

2 Faça um **/** na criança que está alimentando meia dúzia de pintinhos.

3 Conte as unidades e associe-as a uma das palavras do quadro.

uma dúzia – meia dúzia

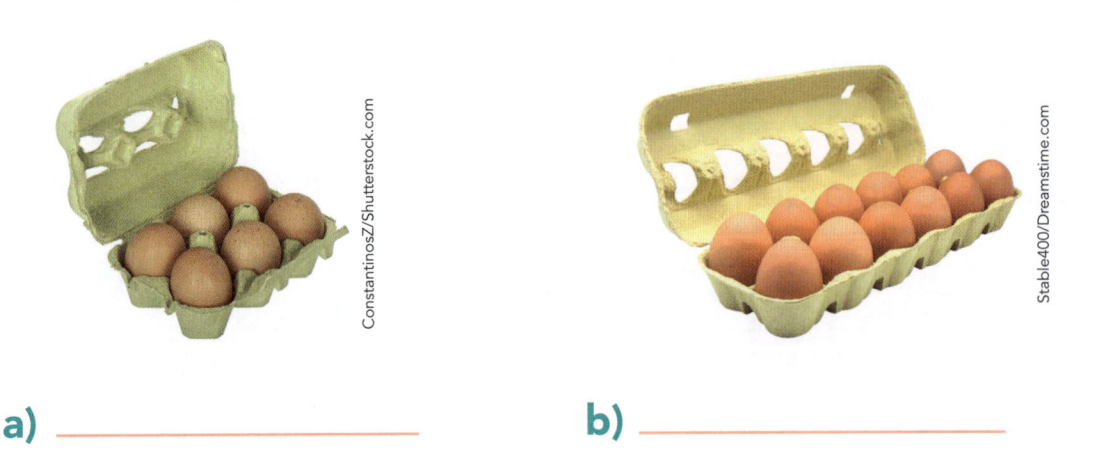

a) _____   b) _____

4 Circule o ramalhete que tem 1 dúzia de rosas.

246 **Matemática**

Sistema de numeração decimal até o 69

60 unidades formam 6 dezenas

Dezenas	Unidades
6	0

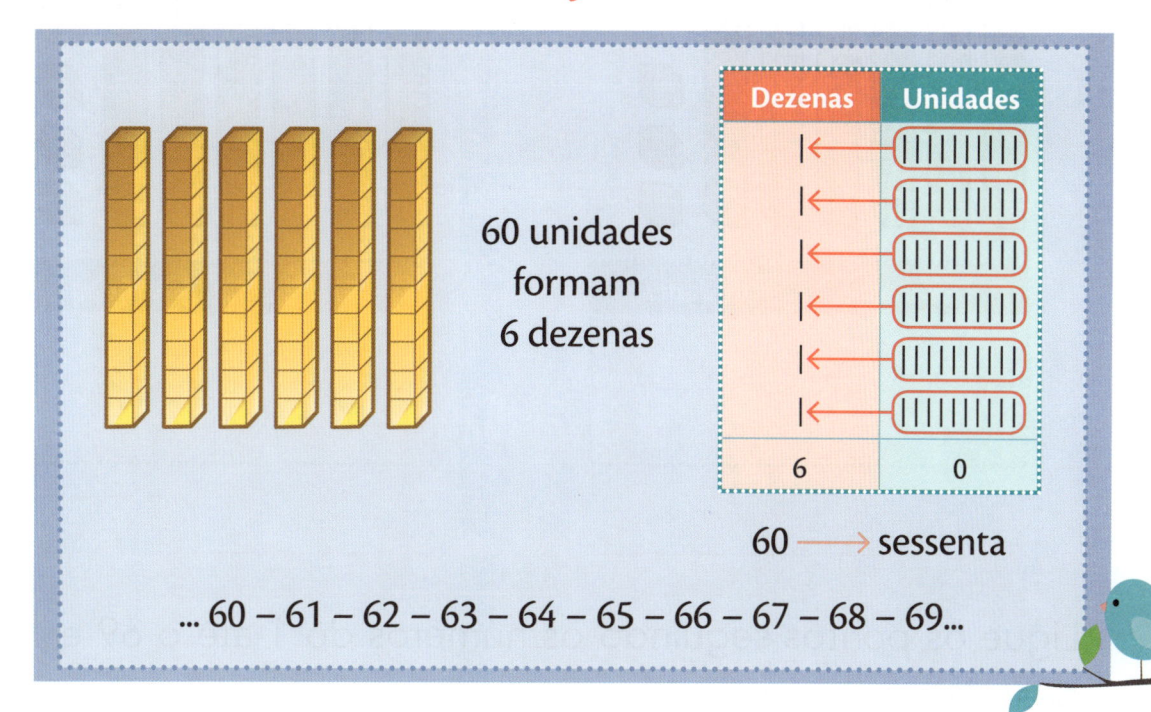

60 → sessenta

... 60 – 61 – 62 – 63 – 64 – 65 – 66 – 67 – 68 – 69...

Atividades

1 Conte as unidades e represente a quantidade no quadro valor de lugar. Depois, escreva por extenso o número formado.

a)

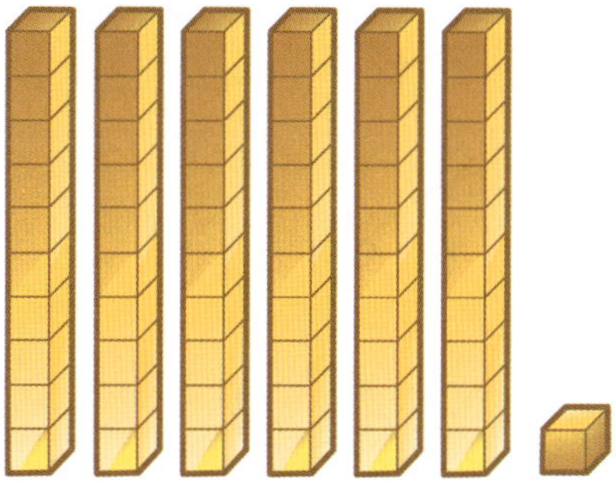

Dezenas	Unidades

b)

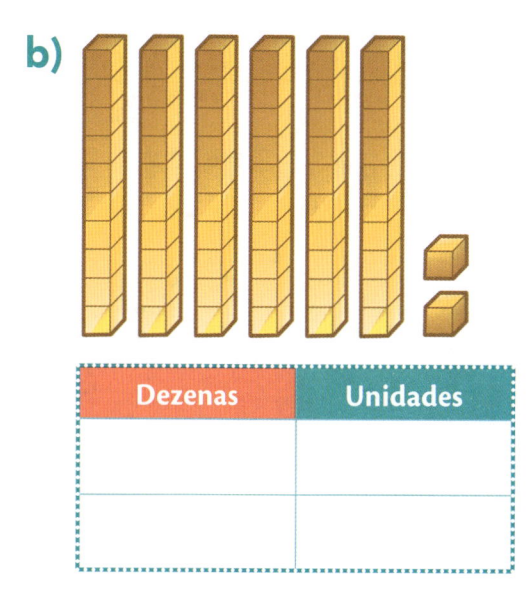

Dezenas	Unidades

Matemática 247

c)

Dezenas	Unidades

d)

Dezenas	Unidades

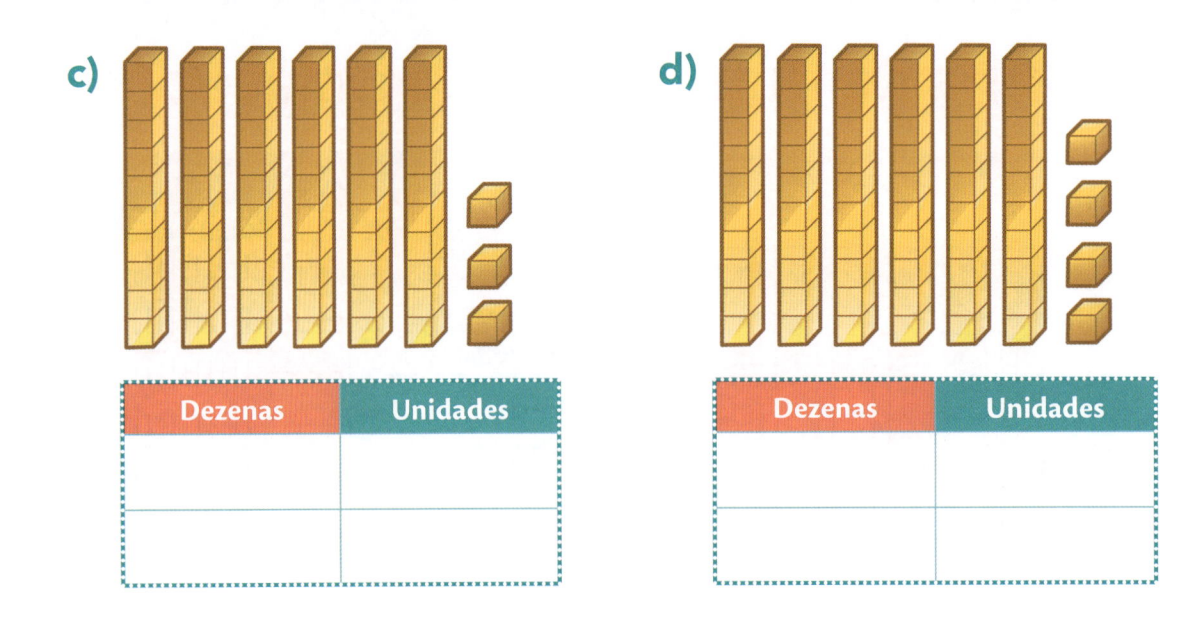

2 Ligue os pontos seguindo os números do 1 até o 69 e descubra a figura.

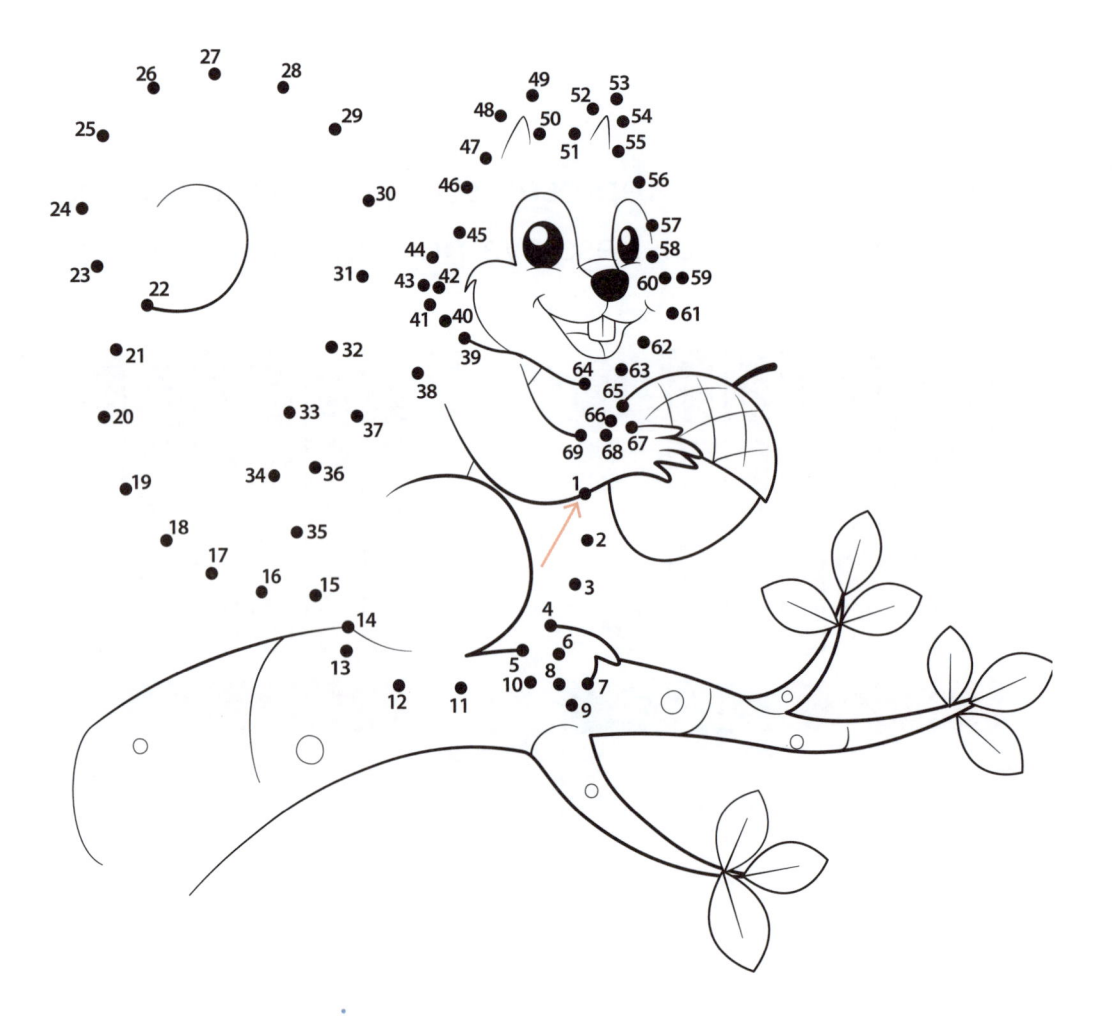

248 Matemática

Números romanos de 1 até 5

Na Roma Antiga, o povo romano representava os números com letras.
Observe a tabela:

I	1
II	2
III	3
IV	4
V	5

Hoje, encontramos esses símbolos em relógios, capítulos de livros e nomes de papas, séculos, eventos e reis.

Atividades

1 Pinte com a mesma cor as figuras que representam o mesmo número.

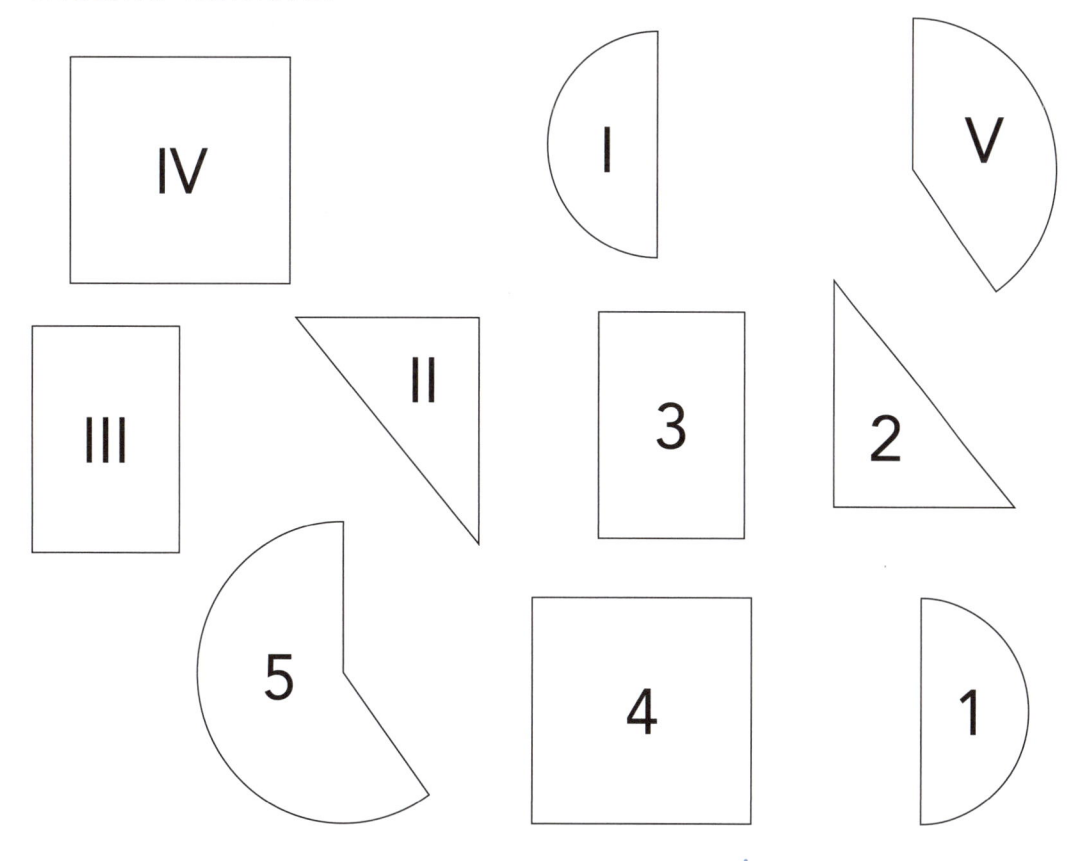

IV I V
III II 3 2
5 4 1

Matemática 249

2 Alguns volumes desta enciclopédia vieram sem numeração. Complete-os com números romanos.

3 Qual é o capítulo do livro que Beto está lendo? Escreva-o em algarismo romano.

Capítulo _____.

4 Leia os números e escreva o algarismo romano correspondente.

a) cinco _____

b) um _____

c) quatro _____

d) dois _____

e) três _____

250 **Matemática**

Sistema de numeração decimal até o 79

70 unidades formam 7 dezenas

Dezenas	Unidades
7	0

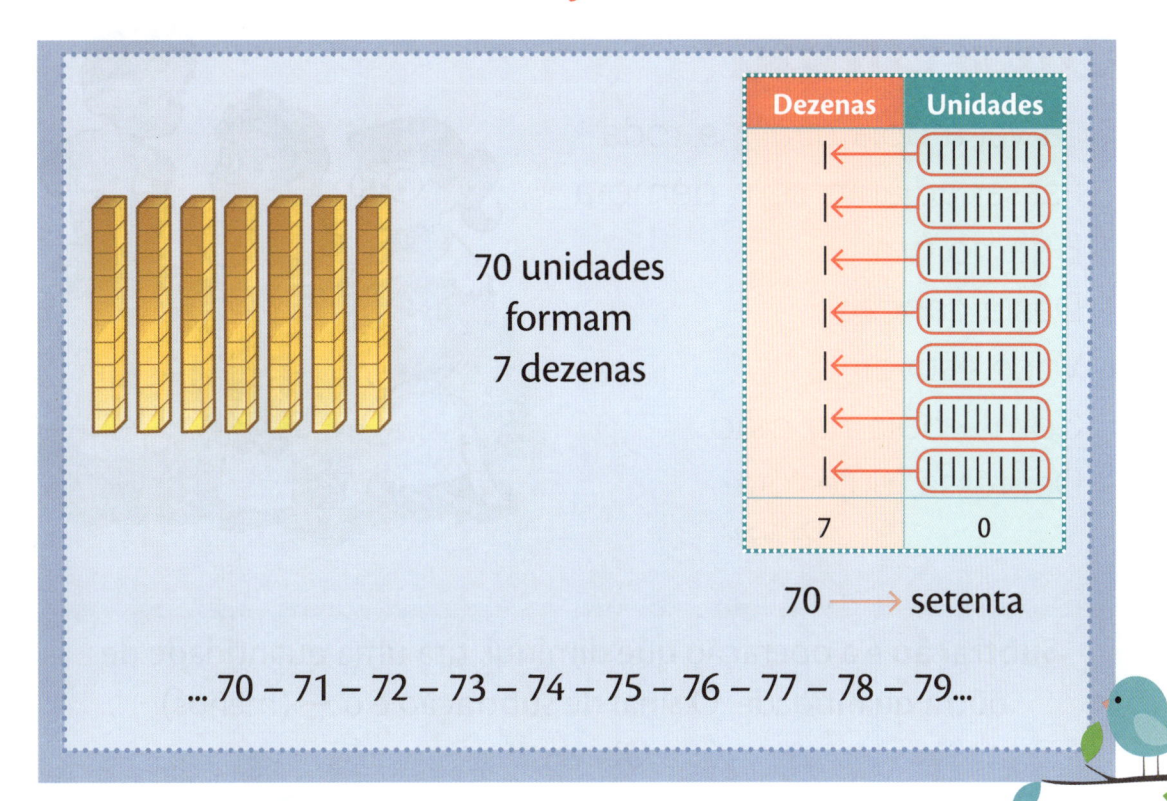

70 → setenta

... 70 – 71 – 72 – 73 – 74 – 75 – 76 – 77 – 78 – 79 ...

Atividade

1 Conte as unidades e represente a quantidade no quadro valor de lugar. Depois, escreva por extenso o número formado.

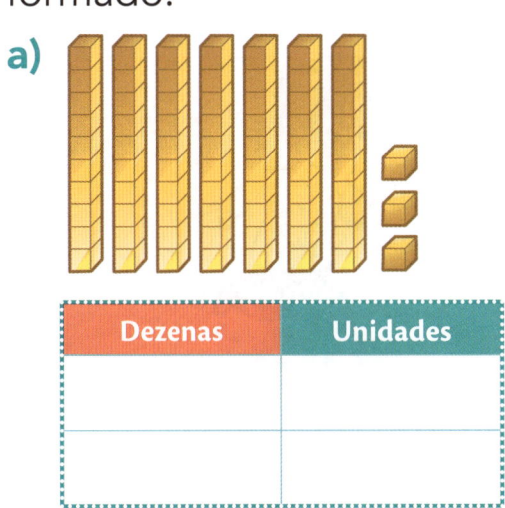

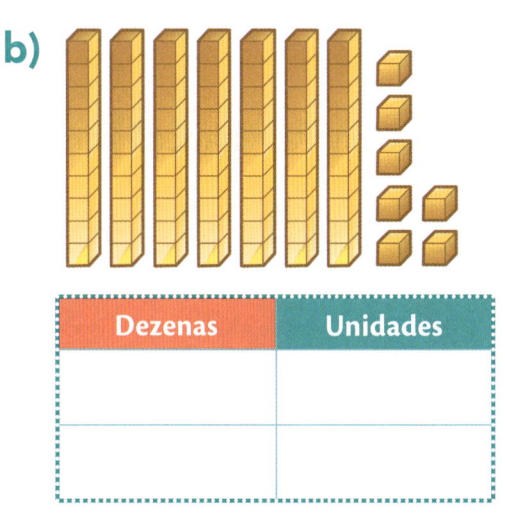

a)

Dezenas	Unidades

b)

Dezenas	Unidades

Subtração
Vamos cantar

Lá vai a bola girar na roda
Passar adiante sem demora
E se no fim
Desta canção
Você estiver
Com a bola na mão
Depressa, pule fora!

Cantiga.

Subtração é a operação que diminui, tira uma quantidade de outra quantidade. O sinal de subtração é o — (menos).
Observe:

Quantas crianças estão brincando?

6

Quantas crianças saíram da roda?

1

Quantas crianças continuam na brincadeira?

Continuam na brincadeira _____ crianças.

Atividade

1 Observe as imagens e calcule.

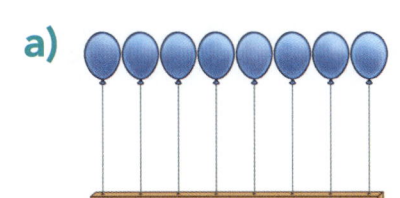

a)

Quantos:

🎈 ? ☐

💥 ? ☐

Sobraram _____ balões.

b)

Quantas:

🍎 ? ☐

🍎(core) ? ☐

Sobrou _____ maçã.

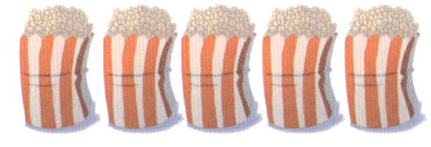

c)

Quantos:

🍿 ? ☐

🍿 ? ☐

Sobraram _____ sacos de pipoca.

Calculando subtrações
Atividades

1 Observe o exemplo e continue calculando as subtrações.

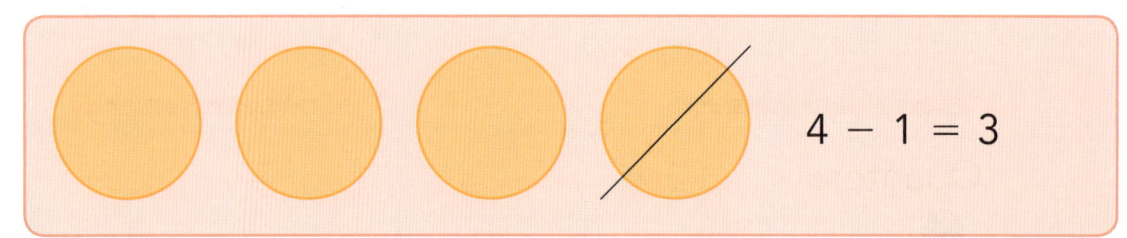

4 − 1 = 3

a) 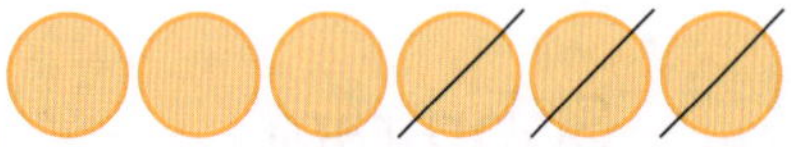 ____ − ____ = ____

b)  ____ − ____ = ____

c) 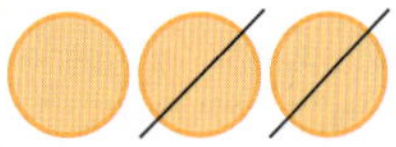 ____ − ____ = ____

d)  ____ − ____ = ____

e) 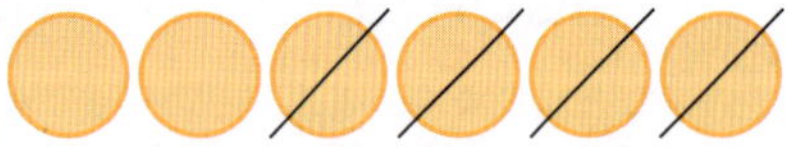 ____ − ____ = ____

f) 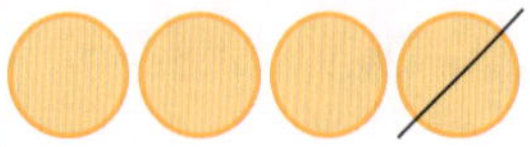 ____ − ____ = ____

g) 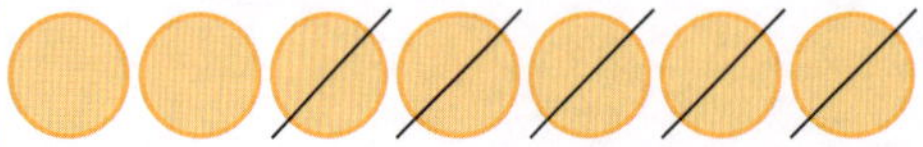 ____ − ____ = ____

h) 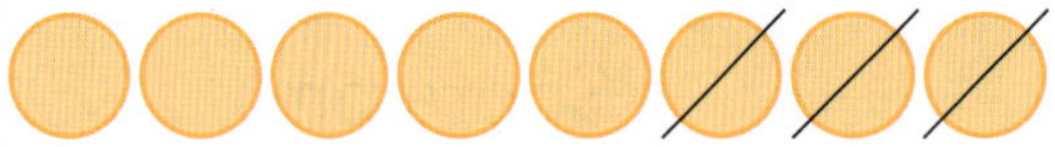 ____ − ____ = ____

2 Resolva as subtrações.

a) 6 – 4 = ____

b) 8 – 3 = ____

c) 7 – 1 = ____

d) 5 – 5 = ____

e) 4 – 2 = ____

f) 3 – 1 = ____

g) 2 – 1 = ____

h) 6 – 0 = ____

i) 4 – 3 = ____

j) 7 – 5 = ____

k) 5 – 1 = ____

l) 9 – 7 = ____

3 Observe o exemplo e resolva as subtrações.

$$6 - 2 = 4 \longrightarrow \begin{array}{r} 6 \\ -2 \\ \hline 4 \end{array}$$

a) $\begin{array}{r} 3 \\ -2 \\ \hline \end{array}$

b) $\begin{array}{r} 8 \\ -4 \\ \hline \end{array}$

c) $\begin{array}{r} 4 \\ -0 \\ \hline \end{array}$

d) $\begin{array}{r} 7 \\ -4 \\ \hline \end{array}$

e) $\begin{array}{r} 5 \\ -4 \\ \hline \end{array}$

f) $\begin{array}{r} 9 \\ -2 \\ \hline \end{array}$

Sistema de numeração decimal até o 89

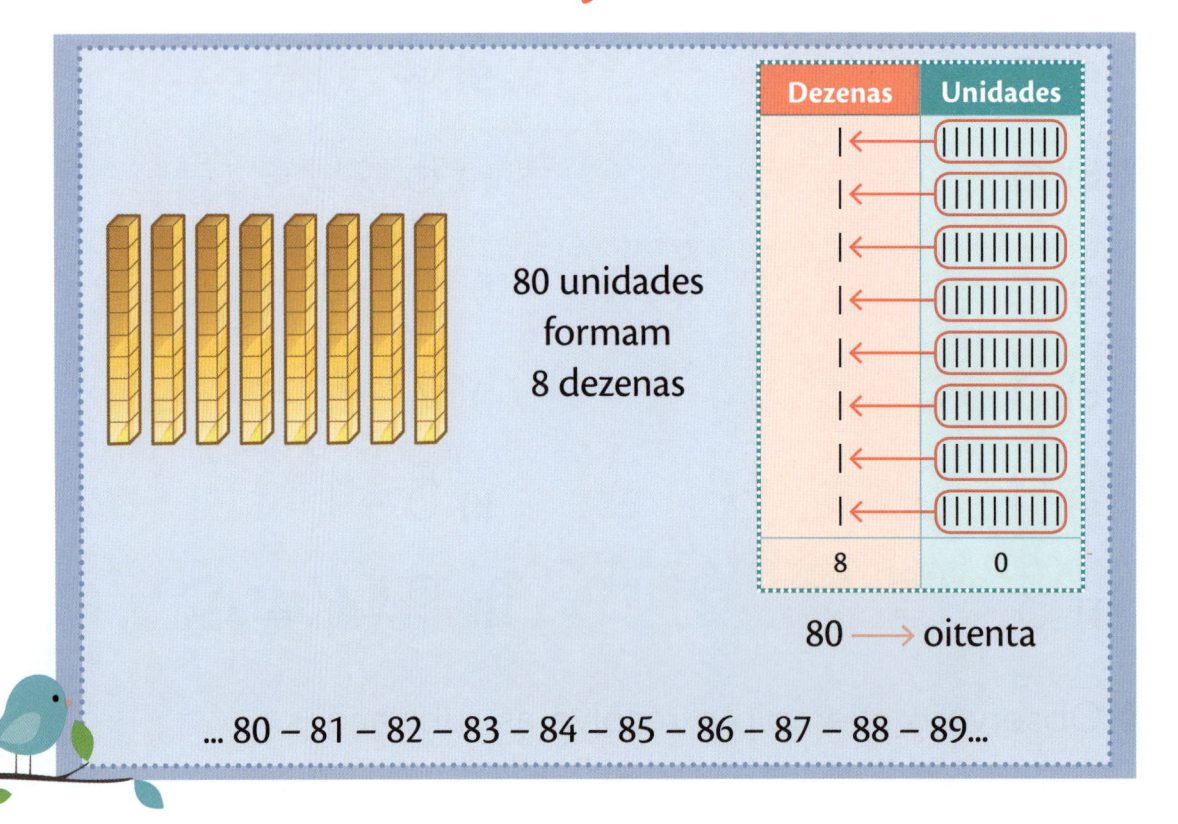

80 unidades formam 8 dezenas

Dezenas	Unidades
8	0

80 ⟶ oitenta

... 80 – 81 – 82 – 83 – 84 – 85 – 86 – 87 – 88 – 89...

Atividade

1 Complete o quadro com os números em ordem crescente.

50				54					
	61								69
					75				
								88	

Sequência numérica de 5 em 5

Podemos organizar os números de 5 em 5. Observe:

5 →+5→ 10 →+5→ 15 →+5→ 20 →+5→ 25 →+5→ 30 →+5→ 35

ou

1 →+5→ 6 →+5→ 11 →+5→ 16 →+5→ 21 →+5→ 26 →+5→ 31

Atividades

1 Complete as placas de sinalização de acordo com as indicações.

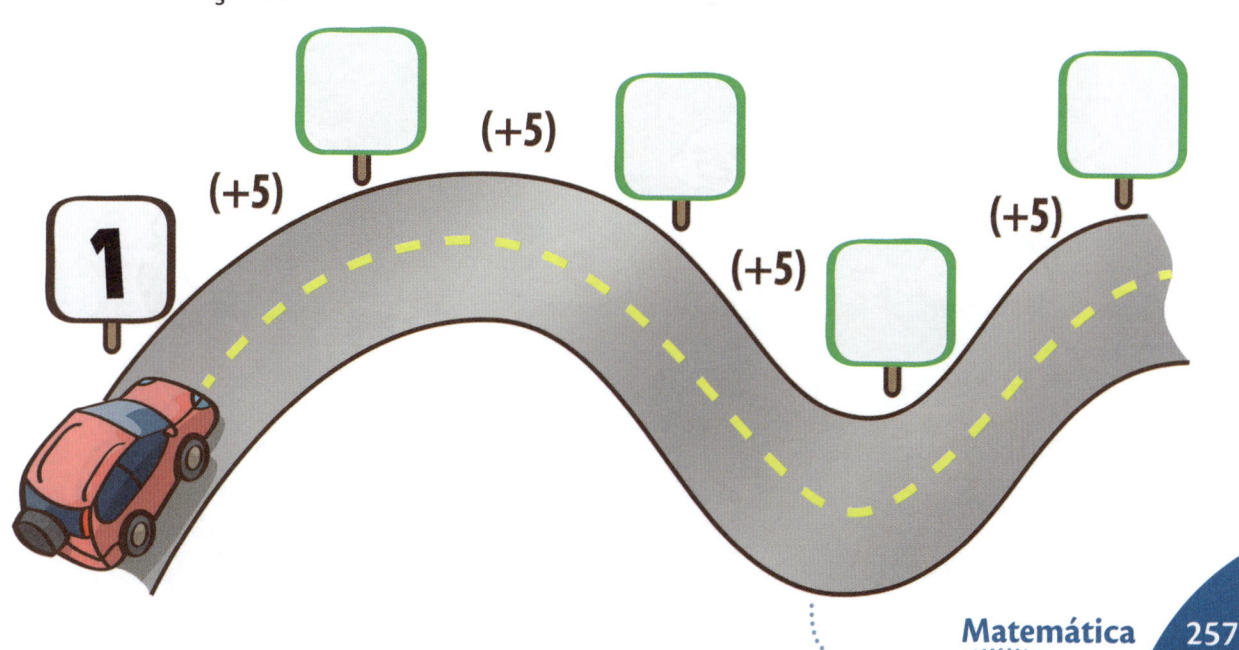

1 (+5) ▢ (+5) ▢ (+5) ▢ (+5) ▢ (+5) ▢

Matemática 257

2 Pinte de vermelho as pedras nas quais o canguru pulará até chegar ao filhote. Atenção: ele deve pular nas pedras que têm a sequência de 5 em 5.

Sistema de numeração decimal até o 99

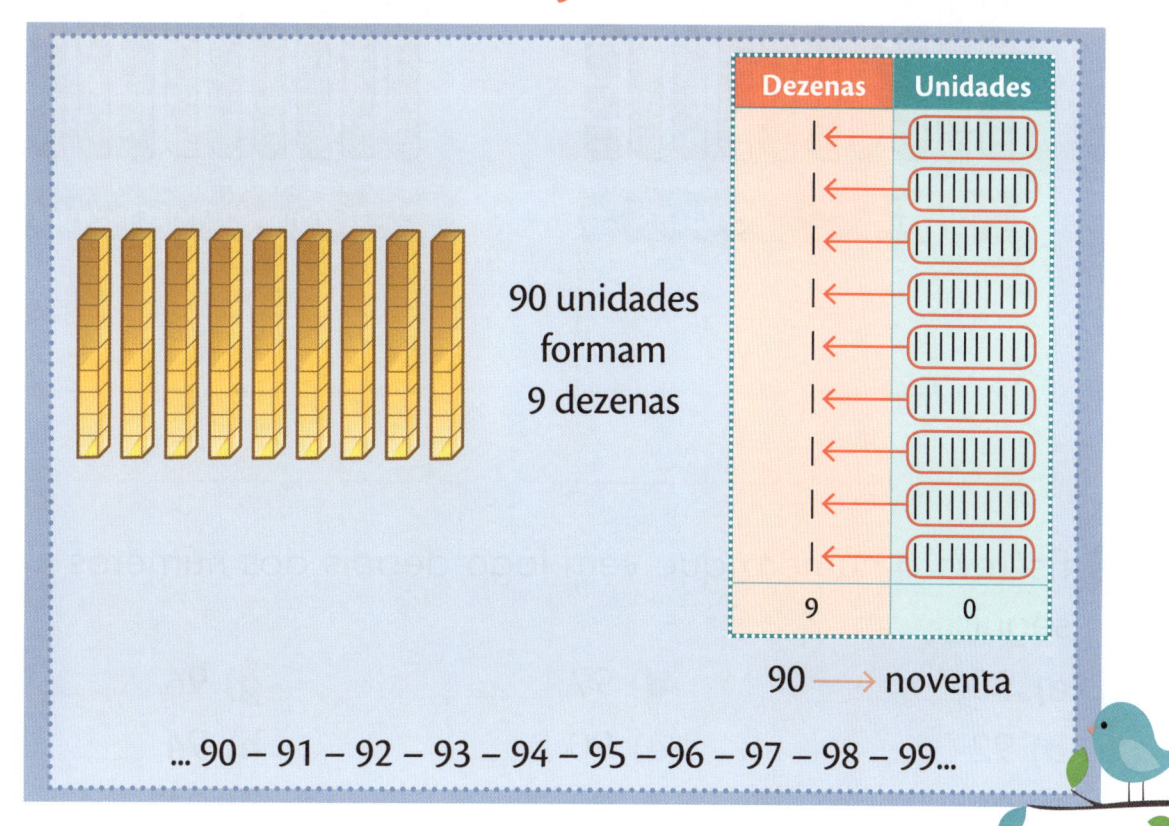

90 unidades formam 9 dezenas

Dezenas	Unidades
9	0

90 → noventa

... 90 – 91 – 92 – 93 – 94 – 95 – 96 – 97 – 98 – 99...

Atividades

1 Conte as unidades e represente a quantidade no quadro valor de lugar. Depois, escreva por extenso o número formado.

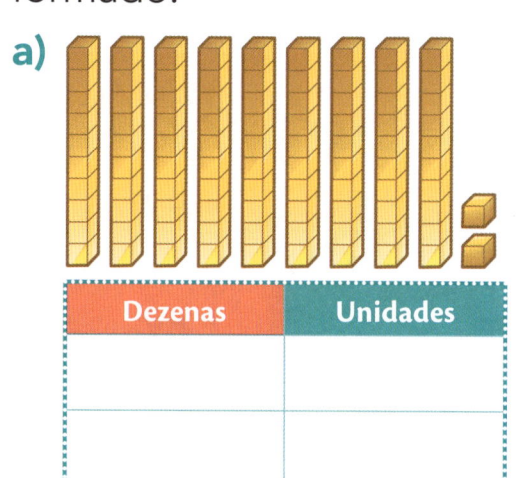

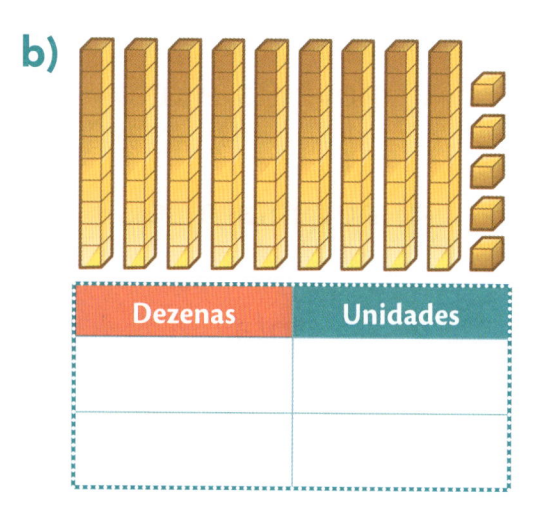

a)

Dezenas	Unidades

b)

Dezenas	Unidades

Matemática

c)

Dezenas	Unidades

d)

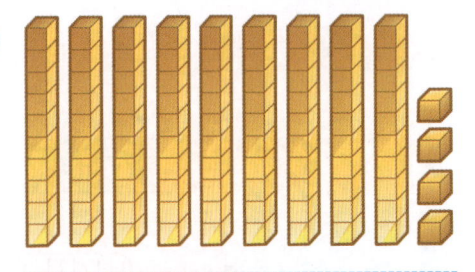

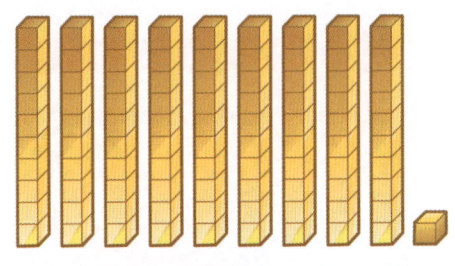

Dezenas	Unidades

2 Escreva o número que vem logo depois dos números a seguir.

a) 95 _____
b) 92 _____
c) 98 _____
d) 97 _____
e) 90 _____
f) 93 _____
g) 96 _____
h) 94 _____
i) 91 _____

3 Leia os números e faça a correspondência.

a) noventa e nove •   • 98

b) noventa e três •   • 93

c) noventa e oito •   • 96

d) noventa e seis •   • 99

e) noventa •   • 89

f) oitenta e nove •   • 90

g) noventa e sete •   • 97

260 **Matemática**

Problemas de subtração

Vamos cantar

Tango-lo-mango

Era uma velha que tinha nove filhas
Foram todas fazer biscoito
Deu o tango-lo-mango numa delas
E das nove ficaram oito. [...]

Cantiga.

Havia fazendo biscoito.

Uma saiu. Quantas filhas ficaram?

Sentença matemática

☐ = 9 − 1
☐ = 8

Cálculo

$$\begin{array}{r} 9 \\ -\ 1 \\ \hline 8 \end{array}$$

Resposta: Ficaram 8 filhas.

Matemática 261

Atividade

1 Resolva as situações-problema.

a) Na festa de seu aniversário, Daniela colocou na bandeja _____ copos de suco.

Um convidado esbarrou na bandeja e 2 copos caíram. Quantos copos sobraram na bandeja?

Sentença matemática   Cálculo

☐ =

☐ =

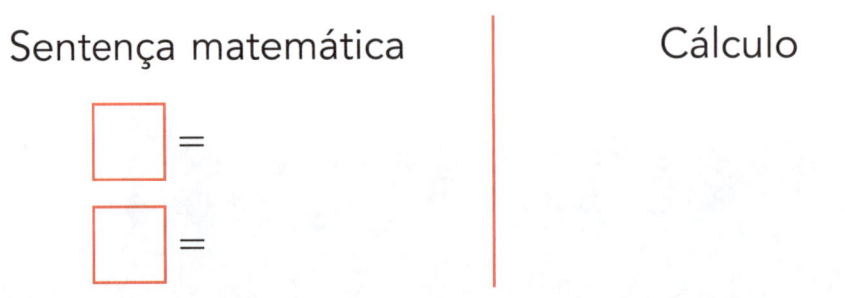

Resposta: Sobraram na bandeja _____ copos.

b) Edu levou para a escola sua caixa de lápis de cor com _____ lápis. Ele emprestou 3 lápis para sua colega. Quantos restaram na caixa?

Sentença matemática   Cálculo

☐ =

☐ =

Resposta: Restaram na caixa _____ lápis.

c) Para o lanche, Clara levou torradas. Comeu 2 com muito apetite. Quantas torradas restaram?

　　Sentença matemática　　　　　　Cálculo

　　□ =

　　□ =

Resposta: Restaram _____ torradas.

d) Mamãe é uma ótima doceira. Fez 7 bolos e já vendeu 5. Quantos bolos falta vender?

　　Sentença matemática　　　　　　Cálculo

　　□ =

　　□ =

Resposta: Falta vender _____ bolos.

e) Vovó comprou 9 maçãs e usou 7 para fazer uma deliciosa torta. Quantas maçãs sobraram?

　　Sentença matemática　　　　　　Cálculo

　　□ =

　　□ =

Resposta: Sobraram _____ maçãs.

Matemática

Centena – número 100

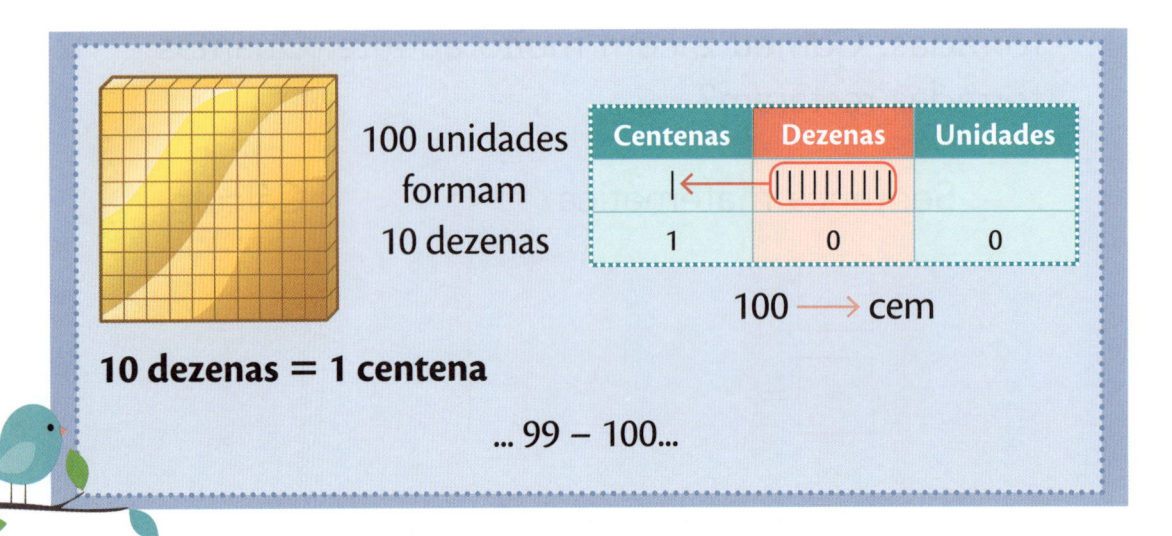

100 unidades formam 10 dezenas

Centenas	Dezenas	Unidades
1	0	0

100 → cem

10 dezenas = 1 centena

... 99 – 100 ...

Atividade

1 Ligue os pontos de 1 até 100 e descubra um meio de transporte.

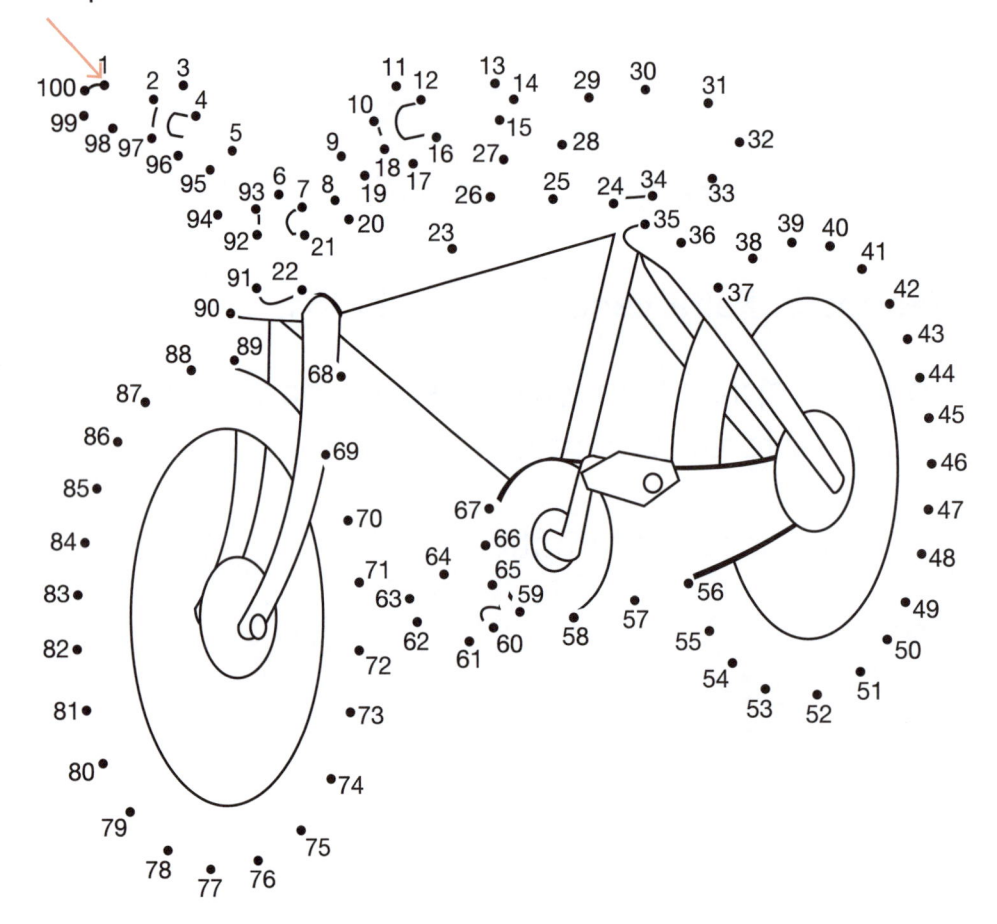

264 Matemática

Números romanos até 10

Conheça mais números romanos.

I	1
II	2
III	3
IV	4
V	5

VI	6
VII	7
VIII	8
IX	9
X	10

Atividades

1) Pesquise e escreva o nome do primeiro imperador do Brasil.

2) Escreva a idade que você tem em números romanos.

Matemática

3 A gráfica fez o cartaz, mas se esqueceu de colocar o número 9 em romano. Complete o cartaz.

FEIRA DE ANIMAIS DE ESTIMAÇÃO

LOCAL: RUA DOS GATOS, 5
DIAS: 20 E 21 DE OUTUBRO DE 2018
HORÁRIO: DAS 9 ÀS 18H.

4 Escreva o número que corresponde a cada um dos algarismos romanos.

a) III _____ d) I _____ g) VIII _____

b) V _____ e) VII _____ h) VI _____

c) IX _____ f) IV _____ i) II _____

Sequência numérica de 10 em 10

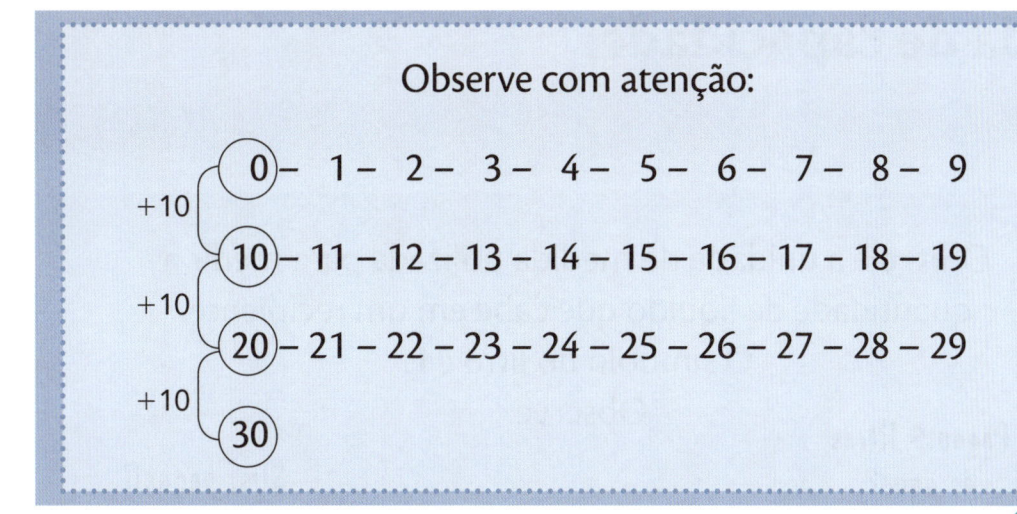

Observe com atenção:

+10 (0 – 1 – 2 – 3 – 4 – 5 – 6 – 7 – 8 – 9
+10 (10 – 11 – 12 – 13 – 14 – 15 – 16 – 17 – 18 – 19
+10 (20 – 21 – 22 – 23 – 24 – 25 – 26 – 27 – 28 – 29
(30

Atividade

1) Para encontrar a casa em que moram, João e Maria jogaram pedrinhas pelo chão. Escreva os números de 10 em 10 nas pedras para ajudá-los.

Matemática

Unidades de medida

Medida de capacidade

Litro

O **litro** é a unidade de medida utilizada para medir a quantidade de líquido que cabe em um recipiente.
O símbolo do litro é **L**.
Observe:

— Pegou 5 litros de água?

— Sim, peguei!

Atividades

1 Circule a embalagem que contém a maior quantidade de água e faça uma **+** na que pode conter exatamente 1 litro de água.

2 Observe a cena. Se cada balde tem capacidade para 5 litros, quantos litros de leite já foram retirados?

3 Marque um **X** nos produtos que são medidos em litros.

Matemática 269

Medida de comprimento
Metro

O **metro** é a unidade de medida utilizada para medir o comprimento. O símbolo do metro é o **m**.
Observe:

Atividades

1. Circule o instrumento utilizado para medir comprimento.

2. Faça um **X** nos objetos e produtos que são medidos em metro.

3. Escreva o nome destes instrumentos de medida de comprimento. Use as palavras do quadro.

fita métrica – trena – régua – metro articulado

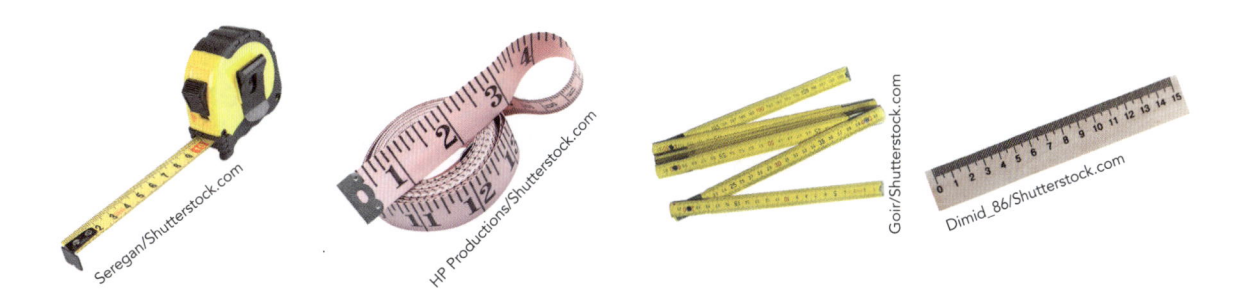

Matemática 271

4 Maria Rita levou seus filhos – Rodrigo, Ana Clara, Mariana e Luís – ao médico para saber se eles estão crescendo adequadamente. Observe a cena a seguir e responda às questões.

Rodrigo   Ana Clara   Mariana   Luís

a) Qual é a criança mais alta?

b) Qual é a criança mais baixa?

c) Quem é o mais alto: Luís ou Mariana?

d) Você sabe qual é a altura que você tem?

e) Quando você nasceu, qual era sua altura? Pergunte a seus pais ou aos responsáveis por você.

f) Das pessoas de sua casa, quem tem a menor altura?

Medida de massa
Quilo

O **quilograma** é a unidade de medida utilizada para medir a massa (peso). Para simplificar, usamos a palavra **quilo**. O símbolo do quilograma, ou quilo, é **kg**.
Observe:

Por favor, dois quilos de laranja.

Atividades

1 Que tipo de balança você utiliza para medir seu "peso"? Circule-a.

Matemática 273

2 Clara e Sandra estão verificando quanto "pesam". Marque com um **X** quem tem o maior "peso".

3 Observe a balança e escreva qual é o "peso" da carne.

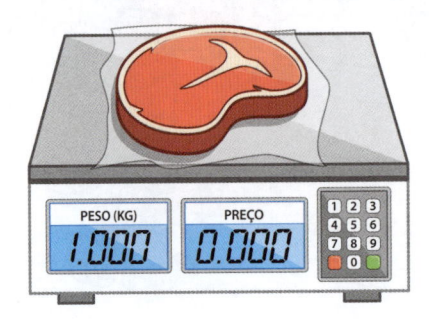

_____

4 Renato vai comprar frango. Que unidade de medida ele usará? Circule-a.

a) Litro (L).
b) Metro (m).
c) Quilo (kg).

274 **Matemática**

5 Complete as frases com as unidades de medida a seguir.

litros – quilos – metros

Esta corda mede 2 _____.

Eu peso 38 _____.

Esta garrafa tem 5 _____ de água.

6 Pesquise em jornais, revistas, folhetos de supermercado ou na internet imagens de produtos que podem ser comprados por quilo. Cole-as a seguir.

Matemática

Números até 150

Mariana e Ricardo estão contando quantas figurinhas eles já têm.

100, 101, 102, 103...

140, 141, 142...

Atividade

1. Ligue os pontos do número 100 até o 150 e descubra um objeto.

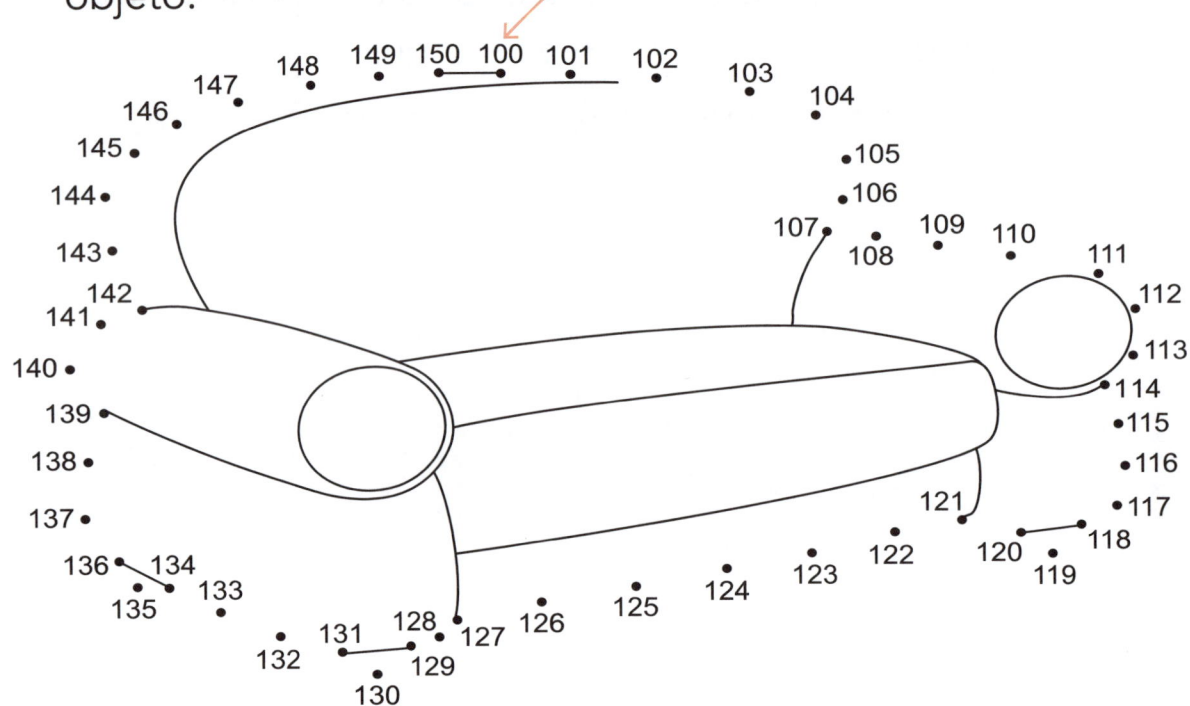

276 **Matemática**

Os dias da semana

Uma semana tem 7 dias.
O 1º dia da semana é o domingo e o último dia é o sábado.
Observe:

Júlia, domingo iremos visitar a vovó e o vovô.

SETEMBRO 2018

DOM	SEG	TER	QUA	QUI	SEX	SAB
						1
2	3	4	5	6	7	8
9	10	11	12	13	14	15
16	17	18	19	20	21	22
23	24	25	26	27	28	29
30						

Atividades

1 Consulte um calendário atual e responda:

a) Em que dia da semana estamos?

b) Quais são os dias da semana em que não há aulas?

Matemática

2 Circule a resposta correta em cada item.

a) Quantos dias formam uma semana?

- 9 dias
- 6 dias
- 7 dias

b) Qual é o primeiro dia da semana?

- Terça-feira.
- Domingo.
- Sábado.

3 Faça uma pesquisa e responda. Neste ano, em qual dia da semana cai:

a) seu aniversário?

_____

b) o aniversário do professor?

_____

4 Vamos recitar o poema e circular o nome dos dias da semana.

Domingo é dia
De descansar.
Segunda-feira,
De trabalhar.
Assim também
É a terça-feira.
A quarta, a quinta
E a sexta-feira.
Depois vem o sábado
E um novo domingo. [...]

Nilson José Machado. *Contando até 10*. São Paulo: Scipione, 1990.

Matemática

Medidas de tempo
Horas e minutos

O **relógio** é o instrumento utilizado para medir o **tempo**.
Vamos estudar agora o relógio com dois ponteiros.
O ponteiro menor marca as **horas**, e o ponteiro maior marca os **minutos**.
Quando o ponteiro maior está no número 12, temos a hora exata.
Um dia tem 24 horas.
Observe:

Crianças, a aula terminou.

Atividades

1 Desenhe nos relógios o ponteiro grande e o pequeno de acordo com os horários pedidos.

a) início da aula

c) horário do recreio

b) término da aula

d) horário em que você dorme

2 Responda às questões a seguir.

a) Qual é o aparelho utilizado para medir horas?

___

b) O que o ponteiro grande marca?

___

c) O que o ponteiro pequeno marca?

___

Matemática

O calendário

O calendário mostra os dias, as semanas e os meses do ano.
Um ano tem 12 meses.
Observe:

Em janeiro, nas férias escolares.

Pai, quando vamos à praia?

Atividades

1 Circule no calendário a seguir o nome do mês atual.

Janeiro 2018	Fevereiro 2018	Março 2018	Abril 2018
D S T Q Q S S	D S T Q Q S S	D S T Q Q S S	D S T Q Q S S
1 2 3 4 5 6	1 2 3	1 2 3	1 2 3 4 5 6 7
7 8 9 10 11 12 13	4 5 6 7 8 9 10	4 5 6 7 8 9 10	8 9 10 11 12 13 14
14 15 16 17 18 19 20	11 12 13 14 15 16 17	11 12 13 14 15 16 17	15 16 17 18 19 20 21
21 22 23 24 25 26 27	18 19 20 21 22 23 24	18 19 20 21 22 23 24	22 23 24 25 26 27 28
28 29 30 31	25 26 27 28	25 26 27 28 29 30 31	29 30

Maio 2018	Junho 2018	Julho 2018	Agosto 2018
D S T Q Q S S	D S T Q Q S S	D S T Q Q S S	D S T Q Q S S
1 2 3 4 5	1 2	1 2 3 4 5 6 7	1 2 3 4
6 7 8 9 10 11 12	3 4 5 6 7 8 9	8 9 10 11 12 13 14	5 6 7 8 9 10 11
13 14 15 16 17 18 19	10 11 12 13 14 15 16	15 16 17 18 19 20 21	12 13 14 15 16 17 18
20 21 22 23 24 25 26	17 18 19 20 21 22 23	22 23 24 25 26 27 28	19 20 21 22 23 24 25
27 28 29 30 31	24 25 26 27 28 29 30	29 30 31	26 27 28 29 30 31

Setembro 2018	Outubro 2018	Novembro 2018	Dezembro 2018
D S T Q Q S S	D S T Q Q S S	D S T Q Q S S	D S T Q Q S S
1	1 2 3 4 5 6	1 2 3	1
2 3 4 5 6 7 8	7 8 9 10 11 12 13	4 5 6 7 8 9 10	2 3 4 5 6 7 8
9 10 11 12 13 14 15	14 15 16 17 18 19 20	11 12 13 14 15 16 17	9 10 11 12 13 14 15
16 17 18 19 20 21 22	21 22 23 24 25 26 27	18 19 20 21 22 23 24	16 17 18 19 20 21 22
23 24 25 26 27 28 29	28 29 30 31	25 26 27 28 29 30	23 24 25 26 27 28 29
30			30 31

Matemática

2 Responda às questões a seguir.

a) O primeiro dia do mês atual caiu em qual dia da semana?

_____

b) Esse mês fica entre quais meses?

_____

c) O mês atual tem quantos dias?

_____

3 Marque um **X** na alternativa correta em cada item.

a) O ano tem:
- ☐ 10 meses.
- ☐ 15 meses.
- ☐ 12 meses.

b) O Natal é comemorado em:
- ☐ outubro.
- ☐ novembro.
- ☐ dezembro.

4 Observe as cenas e escreva o mês em que elas acontecem.

Começou a primavera!

a) _____   b) _____

Nosso dinheiro
O real

O dinheiro em circulação no Brasil atualmente é o real.
O símbolo do real é R$.
Observe:

Quanto custa a pipoca?

Um real.

O real apresenta-se em forma de cédulas (papel) ou moedas.

Fotos: Banco Central do Brasil

Matemática

Atividades

1 Responda às questões a seguir.

a) Qual é o dinheiro em circulação atualmente no Brasil?
_____

b) Qual é o símbolo do real? _____

2 Conte e escreva quantos reais há em cada cofre. Depois, escreva o nome da criança que poupou mais.

Paula _____   Tiago _____   Augusta _____

_____ poupou mais dinheiro.

3 Circule o brinquedo que você pode comprar com esta quantia.

a) R$ 20,00

b) R$ 28,00

c) R$ 26,00

História e Geografia

Identidade

Toda pessoa tem um nome que a identifica e um sobrenome que identifica sua família.
Cada pessoa tem uma história de vida.
Este é Caio.

Caio nasceu no dia 4 de outubro. Ele tem 6 anos, pesa 19 quilos e tem 1,10 metro de altura.

Quem é você?

- Preencha a ficha com seus dados.

Meu nome é _____.

Tenho _____ anos.

Peso _____ quilos.

Tenho _____ metro de altura.

Cole sua fotografia aqui.

Atividade

1 Pinte as imagens de acordo com as indicações.

a) A cor de seus olhos.

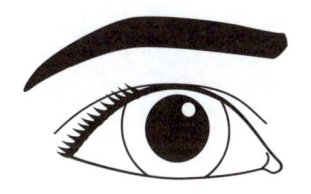

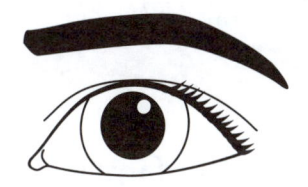

b) A cor de seu cabelo.

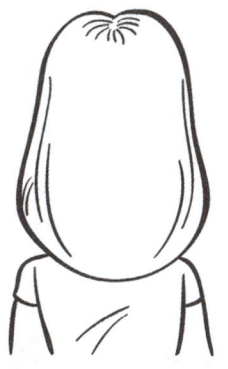

c) Sua cor preferida.

História e Geografia

Família

O primeiro grupo social de uma pessoa é a família. A família de Caio faz parte da história de vida dele. Ela é formada pelos pais de Caio, a irmã dele e os avós.

As famílias não são iguais.

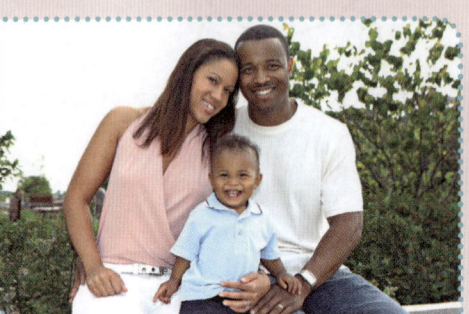

Atividades

1 Sua família é grande ou pequena? Marque um **X** na resposta correta.

☐ Grande.   ☐ Pequena.

2 Faça um **/** nas imagens que mostram como você colabora com sua família.

3 Em uma folha à parte, desenhe sua família ou cole uma fotografia para representá-la. Depois, escreva o nome das pessoas que retratou e explique quem são elas.

História e Geografia

Parentes

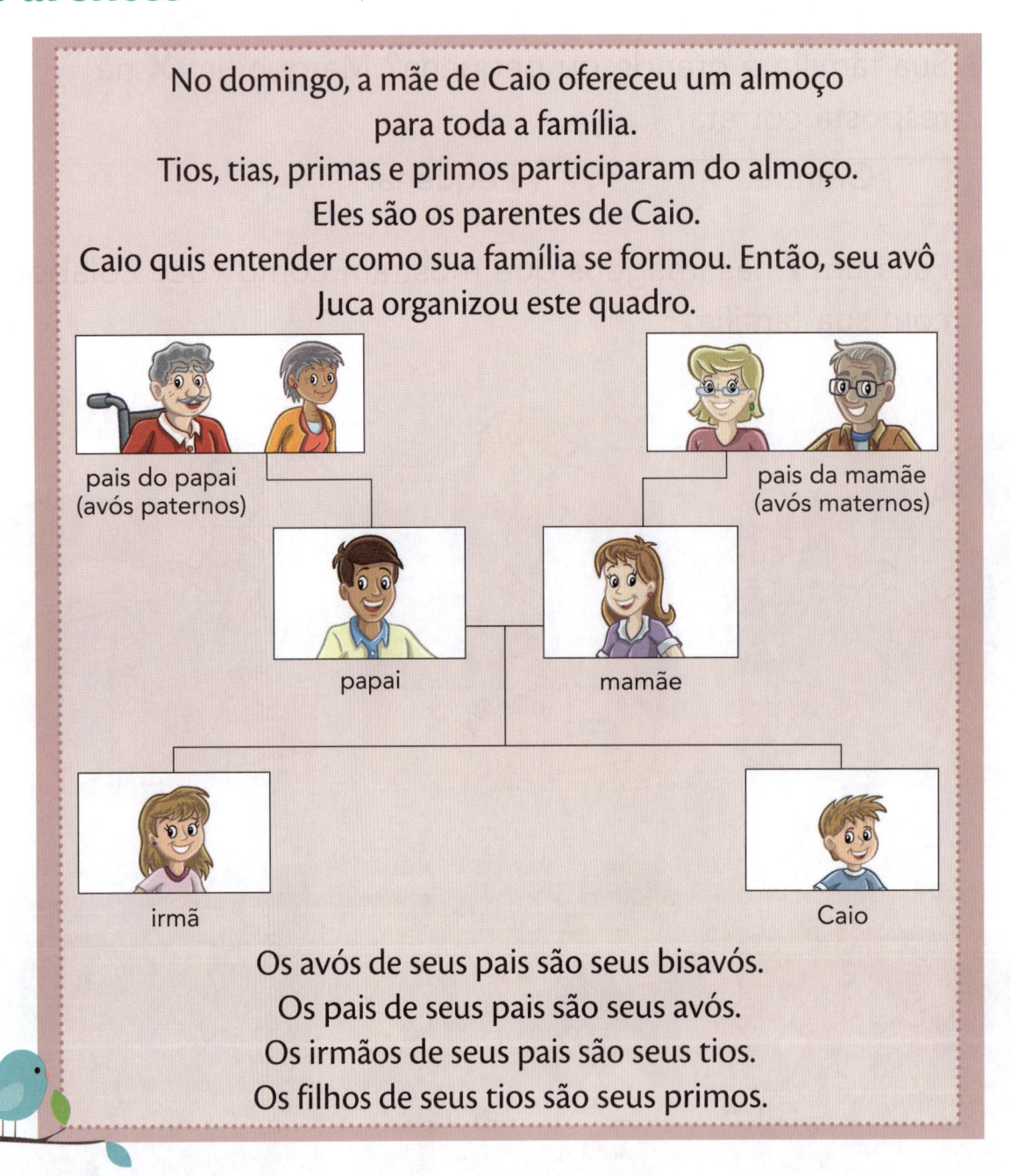

No domingo, a mãe de Caio ofereceu um almoço para toda a família.
Tios, tias, primas e primos participaram do almoço.
Eles são os parentes de Caio.
Caio quis entender como sua família se formou. Então, seu avô Juca organizou este quadro.

pais do papai (avós paternos)

pais da mamãe (avós maternos)

papai

mamãe

irmã

Caio

Os avós de seus pais são seus bisavós.
Os pais de seus pais são seus avós.
Os irmãos de seus pais são seus tios.
Os filhos de seus tios são seus primos.

Atividade

1. Com a ajuda de um adulto de sua família, organize em uma folha à parte um quadro mostrando como sua família se formou. Cole fotografias ou faça desenhos. Depois, identifique as pessoas escrevendo o nome delas e o parentesco com você.

História e Geografia

Moradias

Está ventando muito forte na rua! Caio correu para se abrigar.

Todas as pessoas precisam de um lugar para morar. Essa moradia deve ser segura e confortável, pois nela as pessoas se abrigam do frio e da chuva, descansam e também se reúnem.

Ter uma casa é um direito de todos, mas infelizmente nem todas as pessoas a têm; muitas moram na rua.

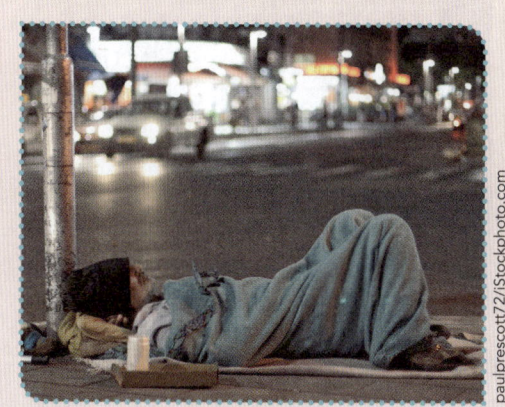

História e Geografia

Tipos de moradia

Caio aprendeu que cada comunidade tem moradias diferentes, que são construídas de acordo com o local, a cultura, o clima, a história e a situação econômica de cada lugar.
Veja o cartaz que ele fez.

Atividades

1 Pesquise os materiais que foram utilizados na construção de sua casa e circule-os a seguir.

2 Sublinhe a resposta correta.

Sua moradia é...

pequena.   média.   grande.

3 Em uma folha à parte, desenhe sua moradia ou cole uma fotografia para representá-la.

História e Geografia

Espaços de uma moradia

Cada espaço de uma moradia é chamado de cômodo. Sala, quarto, cozinha e banheiro são alguns desses espaços. Observe a planta baixa de uma casa, com os cômodos bem definidos.

quarto

quarto

banheiro

área de serviço

sala

cozinha

294 História e Geografia

Atividades

1 Responda às questões a seguir.

   a) Quantos cômodos tem sua casa?

   _____

   b) Qual é o cômodo de que você mais gosta?

   _____

2 Escreva o nome do cômodo em que cada objeto a seguir pode ser encontrado em sua casa.

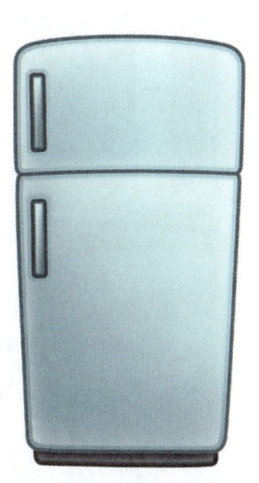

Escola

A escola é um espaço de convivência que promove o ensino, a aprendizagem e o respeito.
Frequentar uma escola é um direito de todas as crianças.

Caio gosta muito de ir à escola. Ele já morou em diferentes bairros; por isso, já estudou em algumas escolas. Ele sabe que elas não são iguais.

Atividades

1 Em que período do dia você vai à escola?

☐ De manhã. ☐ À tarde. ☐ À noite.

2 Escreva o que se pede.

a) Nome de sua escola.

_____

b) Nome da rua onde fica localizada sua escola.

_____

3 Marque um **X** nos espaços que existem em sua escola.

☐ quadra de esporte   ☐ cozinha

☐ banheiro   ☐ horta

☐ biblioteca   ☐ jardim

☐ parquinho   ☐ auditório

☐ sala de informática   ☐ laboratório

☐ piscina   ☐ refeitório

☐ brinquedoteca   ☐ teatro

4 Em uma folha à parte, desenhe sua escola. Depois, escreva se ela é grande, média ou pequena.

História e Geografia

Equipe que compõe a escola

Hoje é um dia especial. Caio levou suas avós para conhecer a escola.

Ele apresentou às avós todas as pessoas que trabalham lá, pois sabe que todos têm atividades muito importantes.

História e Geografia

Atividades

1 Você conhece as pessoas que trabalham para o bom funcionamento de sua escola? Marque um **X** nos profissionais que trabalham nela.

2 Agora, escreva o nome:

a) de seu professor;

___

b) do diretor de sua escola;

___

c) de outro funcionário da escola de quem você gosta.

___

História e Geografia

Outras profissões

Os diferentes tipos de trabalho que as pessoas exercem é chamado de profissão.

Caio levou um estetoscópio de brinquedo para brincar com os colegas no intervalo. Ele disse que quer ser um grande médico quando adulto.

Caio sabe que cada médico tem uma especialidade. Ele quer ser pediatra para cuidar de bebês e crianças, observar o crescimento e o desenvolvimento de seus pacientes.

Atividades

1. Forme um grupo com os colegas e, juntos, pesquisem outras profissões em revistas, jornais e na internet. Montem um cartaz para ser fixado no mural da sala de aula.

2 Responda às questões a seguir.

a) Qual é a profissão de seu pai ou responsável?

_____

b) E a profissão de sua mãe ou responsável?

_____

c) Você já pensou em qual será sua profissão quando adulto?

_____

3 Escreva o nome das profissões representadas usando as palavras do quadro.

pintor – padeiro – costureira

a) _____   b) _____

c) _____

Trânsito

No sábado, Caio e seus pais foram ao centro da cidade a pé. A rua estava bastante movimentada; então, seu Rogério, pai de Caio, foi orientando-o. Ele explicou que o movimento de pessoas e veículos em vias públicas é chamado de **trânsito**. Seu Rogério então alertou Caio para atravessar a rua sempre na faixa de pedestres, observando os semáforos de pedestres e veículos.

Atividades

1. Em uma folha à parte, desenhe um semáforo para veículos e pinte-o com as cores corretas.

2. Quando você atravessa uma rua, quais cuidados deve ter?

História e Geografia

3 Pinte o semáforo com a cor que permite aos veículos seguirem pelo caminho.

4 Você já viu placas de sinalização em ruas e estradas? Elas orientam os pedestres e os condutores de veículos. Pesquise o que significam as placas a seguir e faça a correspondência.

a) Animais na pista   b) Sentido proibido   c) Área escolar

História e Geografia

Comércio

Os pais de Caio precisavam de uma geladeira nova, então foram à loja de eletrodomésticos.
Depois eles foram à farmácia, compraram pipoca do pipoqueiro, pararam na sorveteria para a sobremesa e, no caminho de volta, passaram na padaria e compraram pão.

Atividades

1. E você, acompanha seus pais às compras?

   ☐ Sim.   ☐ Não.

2 Pinte os itens que compramos em uma loja de calçados.

3 Ligue a imagem de cada produto ao nome da loja onde foi comprado.

relojoaria

farmácia

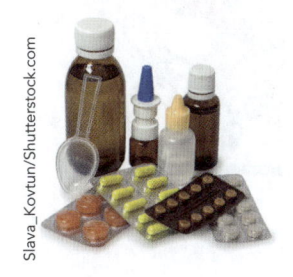

perfumaria

História e Geografia

Meios de transporte

Caio chegou à escola com uma novidade! Ele e a família passarão o fim de semana na casa de seus avós, que moram em um lugar distante da cidade. Eles irão de trem! Caio está ansioso, pois nunca andou de trem!

Muitos colegas também não conheciam esse meio de transporte. Então, dona Márcia pegou um cartaz com a fotografia de um trem e a mostrou à turma.

Ela falou que o trem, assim como outros meios de transporte, leva pessoas e produtos de um lugar para outro.

Dona Márcia mostrou imagens de outros meios de transporte.

Meios de transporte terrestres

Dona Márcia pediu aos alunos que falassem o nome dos meios de transporte que eles já tinham usado, e ela escreveu na lousa: carro, ônibus, motocicleta e carroça.

A professora explicou que esses transportes se locomovem na terra; por isso, são chamados de meios de transporte terrestres.

História e Geografia

Atividade

1 Pinte os meios de transporte terrestres.

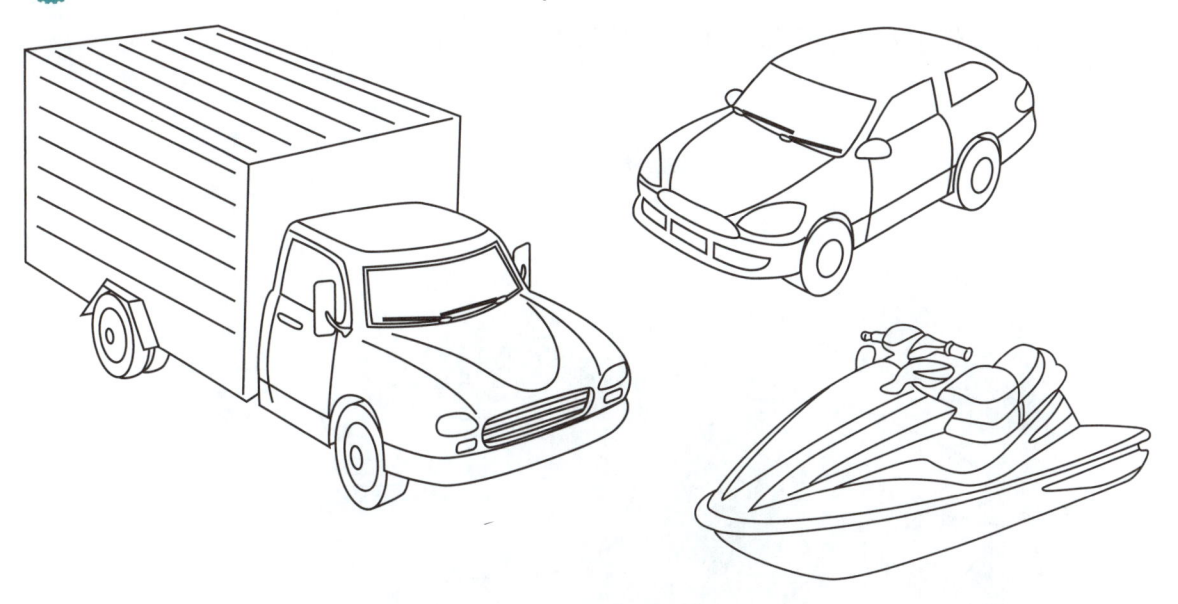

Meios de transporte aquáticos

Dona Márcia propôs aos alunos a montagem de um painel com fotografias de meios de transporte aquáticos, ou seja, que se locomovem na água (mares, rios, lagoas etc.).
Ficou bem bonito o painel!

Meios de transporte aquáticos

Anton Romanov/Shutterstock.com
dan_prat/iStockphoto.com
goodluz/Shutterstock.com

História e Geografia

Atividade

1 Circule os meios de transporte terrestres e faça um **X** nos meios de transporte aquáticos.

Meios de transporte aéreos

Dona Márcia combinou com a turma que quem tivesse meios de transporte aéreos de brinquedo poderia trazê-los para a escola. Ela explicou que meios de transporte aéreos se locomovem pelo ar.
No dia seguinte houve uma bela exposição na escola.

História e Geografia

Atividade

1 Escreva **A** para os transportes aéreos, **T** para os transportes terrestres e **AQ** para os transportes aquáticos.

História e Geografia

Observando a paisagem

Durante a viagem de retorno, Caio foi observando a vista. Ele e os pais conversaram sobre as transformações na paisagem.

A mãe de Caio explicou que o ser humano modifica o ambiente para viver melhor. Ele constrói casas, pontes e viadutos; cultiva plantações; abre pastagens para animais etc.

Atividades

1 Observe e compare as cenas abaixo. Elas representam o mesmo local em épocas diferentes. Marque um **X** nas modificações feitas pelos seres humanos.

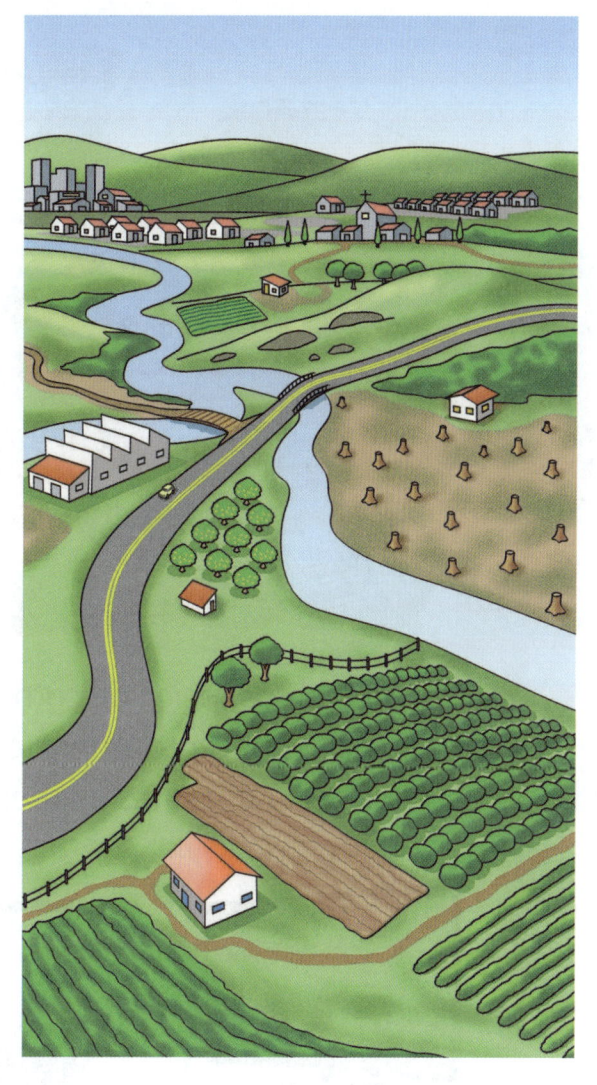

2 Escreva o nome das modificações que você marcou.

a) _____

b) _____

c) _____

d) _____

e) _____

f) _____

g) _____

h) _____

História e Geografia

Meios de comunicação

Assim que entrou em casa, Caio ligou para os avós e disse que ele e a família haviam chegado bem e que o retorno havia sido tranquilo.

Existem muitos meios de comunicação. O telefone é um deles. Com os meios de comunicação podemos falar com pessoas que estão distantes e saber o que acontece no mundo.

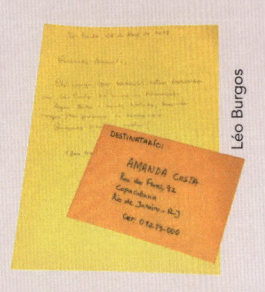

312 História e Geografia

Atividades

1 Leia as dicas e ligue-as ao meio de comunicação correspondente.

a) Você lê as notícias.

b) Você ouve as notícias.

c) Você ouve e vê imagens das notícias.

2 Encontre no diagrama o nome de cinco meios de comunicação.

L	D	C	Q	E	C	E	L	U	L	A	R	X
I	J	A	S	H	M	O	D	B	L	L	G	W
V	L	R	E	R	E	V	I	S	T	A	X	S
R	S	T	N	E	R	I	H	N	V	U	E	O
O	C	A	F	Y	L	T	O	I	P	H	G	V
H	V	T	C	O	M	P	U	T	A	D	O	R

História e Geografia

Datas comemorativas
Páscoa

No domingo a mãe de Caio fará um almoço para a família. Eles vão comemorar a Páscoa.

Páscoa quer dizer vida nova e união das famílias. Foi quando Jesus ressuscitou, conforme acreditam as pessoas cristãs.

Atividade

1. Caio e a irmã estão procurando ovos de Páscoa no jardim. Ajude-os a encontrar os ovinhos escondidos pintando-os.

Dia Nacional do Livro Infantil
18 de abril

Caio gosta muito de ler. Seu autor preferido é Monteiro Lobato, que escreveu lindas histórias para crianças. Ele sempre vai à biblioteca da escola pegar livros emprestados. Caio sabe que em homenagem a Lobato foi escolhido o dia de seu aniversário, 18 de abril, para comemorar o Dia Nacional do Livro Infantil.

Atividade

1. Escreva o nome dos principais personagens de Monteiro Lobato usando as palavras do quadro. Depois, pinte aqueles de que você mais gosta.

Emília – Narizinho – Pedrinho

a) _____ b) _____ c) _____

História e Geografia

Dia do Índio

19 de abril

Em comemoração ao Dia do Índio, no dia 19 de abril, a escola em que Caio estuda organizou uma palestra com representantes indígenas.

Eles contaram um pouco da história de seu povo, que foram os primeiros a habitar o Brasil. Falaram que, para a maioria dos povos indígenas, o chefe é chamado de cacique; o curandeiro, de pajé; e o deus deles, de Tupã. Explicaram que vivem em aldeias e moram em ocas ou malocas. Alimentam-se com caça, fazem plantações e retiram da mata plantas para alimento e remédios. Costumam pintar o corpo e se enfeitar com cocares em festas e rituais. Muitos deles moram hoje em grandes cidades e já se adaptaram à cultura e à rotina urbanas.

Crianças yanomami brincando na Aldeia do Deminí. Barcelos, Amazonas, 2012.

Atividade

1 Circule os alimentos de influência indígena em nossa alimentação.

316 História e Geografia

Dia do Trabalho

1º de maio

Nessa semana houve um feriado mundial, e Caio não foi para a escola. Seus pais também não trabalharam. A mãe de Caio explicou que era uma homenagem a todos os trabalhadores. O trabalho é muito importante para as pessoas. Trabalhando, temos condições de ser independentes.

Mas, enquanto somos criança, o principal trabalho que temos é estudar, conhecer, aprender, brincar e ser feliz para nos desenvolvermos e sermos adultos responsáveis.

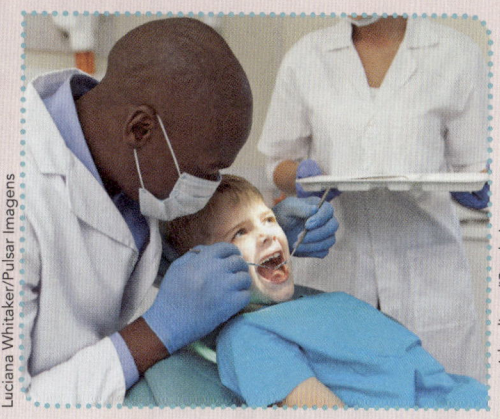

Atividades

1. Que tipo de trabalho você gostaria de realizar quando for adulto?

2. Que tal homenagear um trabalhador? Faça um desenho em uma folha à parte e entregue-o a um trabalhador que você conheça.

História e Geografia

Dia das Mães
Segundo domingo de maio

No domingo, Caio, sua irmã e seu pai fizeram um almoço em comemoração ao Dia das Mães.

Eles queriam retribuir o amor, o carinho e o cuidado que a mãe tem com eles.
Os três também se lembraram de muitas crianças que não conhecem a mãe biológica. Mãe biológica é aquela de quem a pessoa nasceu. Mas, se a criança é criada por outra pessoa, ela também faz o papel de mãe.

Atividade

1 Recorte o cartão a seguir e escreva dentro dele uma mensagem para sua mãe ou a pessoa que cuida de você. Depois de pronto, ofereça a ela esse presente.

Cortar _ _ _ _ _
Dobrar _____

História e Geografia

História e Geografia

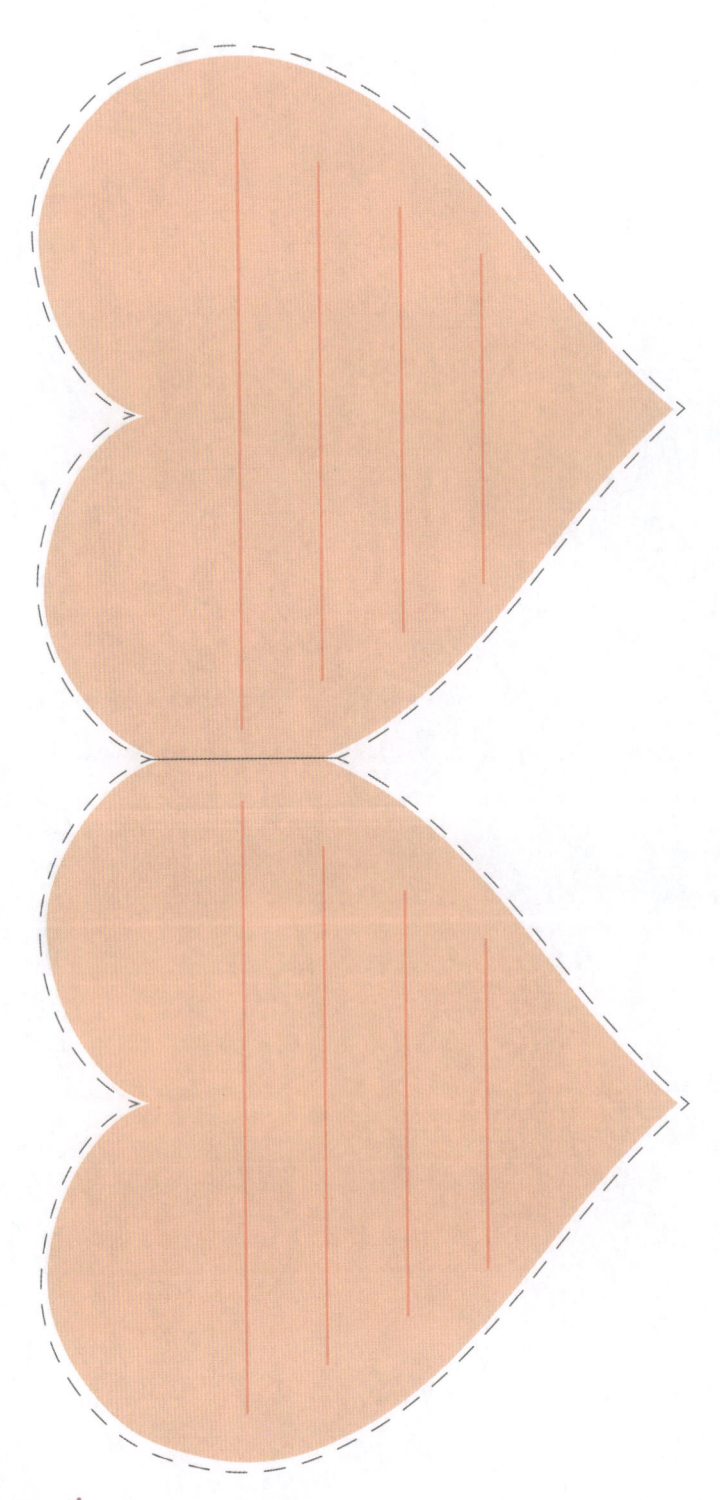

Dia Mundial do Meio Ambiente
5 de junho

Caio sabe que devemos preservar a natureza e viver em harmonia com ela. Tanto em casa quanto na escola, ele está sempre atento ao que pode fazer para cuidar do meio ambiente.
Cuidar da natureza e do ambiente em que vivemos é um dever de todos.

Atividades

1 Veja o cartaz que Caio fez com os colegas. Agora, ajude-os a colori-lo.

VAMOS CUIDAR DE NOSSO PLANETA!

2 O que você faria para melhorar ou conservar o meio ambiente do local em que vive?

História e Geografia

Festas Juninas

Mês de junho

No mês de junho, no Brasil, são comemoradas as Festas Juninas. Elas são uma homenagem a três santos católicos: Santo Antônio (13 de junho), São João (24 de junho) e São Pedro (29 de junho).
Em muitos lugares são organizados arraiais e quermesses. Os locais são decorados com bandeirinhas coloridas e dobraduras de balões. Geralmente há barraquinhas que servem bebidas e comidas típicas. Além disso, as danças e as músicas típicas completam a festa.
Mas lembre-se: não solte balões! Eles podem provocar incêndios.

Na escola onde estuda, Caio está ensaiando a quadrilha.

Atividade

1. Pesquise e escreva duas comidas típicas das festas juninas de sua cidade.

a) _____   b) _____

História e Geografia

Dia dos Pais

2º domingo de agosto

Este ano, em comemoração ao Dia dos Pais, a mãe de Caio resolveu fazer uma festa-surpresa para seu Rogério, pai de Caio.
Ela convidou os dois avôs de Caio. Afinal eles também são pais.

VIVA OS PAIS

Os pais são importantes na vida dos filhos.

Atividades

1) Escreva uma característica de que você goste muito em seu pai.

_____

_____

História e Geografia

2 Pinte a faixa que você gostaria de oferecer a seu pai.

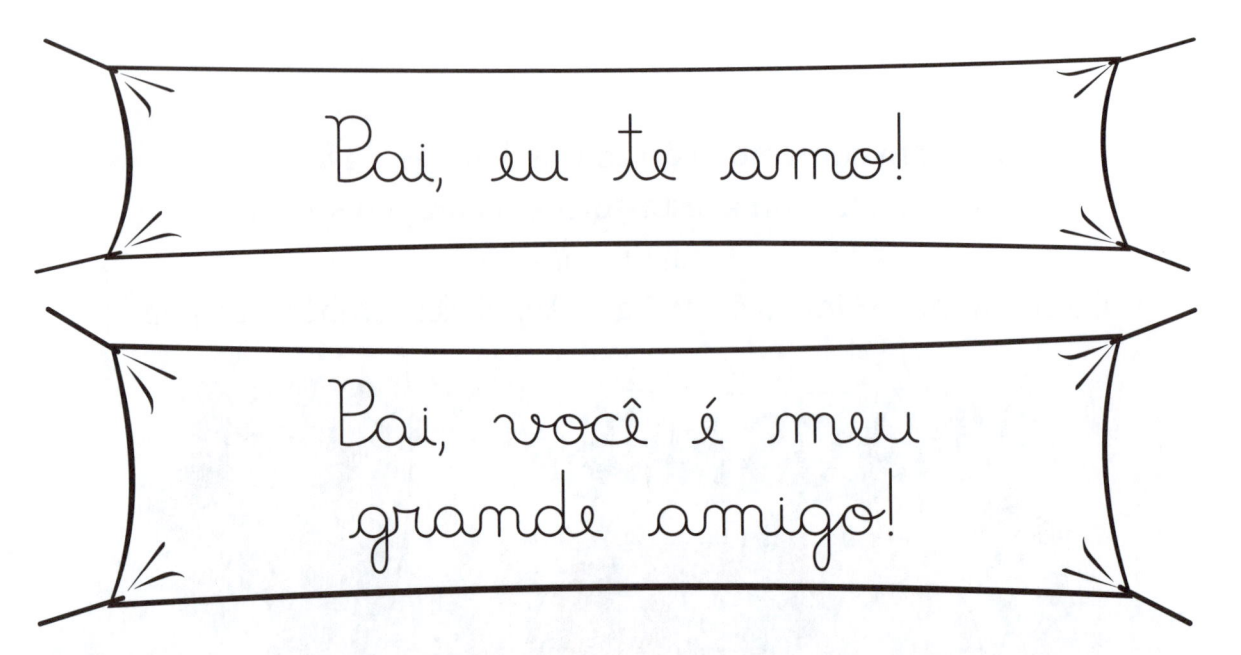

Pai, eu te amo!

Pai, você é meu grande amigo!

3 Ajude Caio a entregar o presente do papai.

4 Confeccione o porta-retratos a seguir para presentear seu pai ou a pessoa que cuida de você. Destaque a página, cole-a em papel-cartão ou cartolina e recorte a imagem na linha tracejada. Com a ajuda do professor, cole uma fotografia sua na parte interna do porta-retratos e cole-o para fechar. Depois de pronto, ofereça a seu pai esse presente.

Cortar
Dobrar

Folclore

22 de agosto

> Pesquisando o folclore brasileiro, Caio aprendeu que herdamos muitos conhecimentos de nossos antepassados e também de outros povos que habitam nosso país: indígenas, africanos e europeus.
> O conjunto dessas tradições, crenças populares, lendas, músicas, danças, adivinhações, superstições, brinquedos, jogos, poesias etc. forma o nosso folclore.
> São muitos os personagens de nosso folclore.

Vamos brincar

1 Recite as parlendas e tente descobrir a resposta da adivinha. Elas fazem parte de nosso folclore.

O que é, o que é?
Alta torre,
Bonito penacho!
Água no fruto,
E flores no cacho?
Adivinha.

Lá em cima do piano
Tem um copo de veneno
Quem bebeu morreu
O azar foi seu!
Parlenda.

Hoje é domingo, pede cachimbo.
O cachimbo é de ouro, bate no touro.
O touro é valente, bate na gente.
A gente é fraco, cai no buraco.
O buraco é fundo, acabou-se o mundo.
Parlenda.

2 Agora é sua vez! Pesquise uma parlenda, quadrinha ou cantiga folclórica de sua região e escreva-a no caderno.

História e Geografia

Atividades

1 Em sua região, qual figura folclórica se destaca? Faça uma pesquisa e cole em uma folha à parte o material que encontrar.

2 O saci-pererê é um personagem folclórico muito conhecido. Ele é negro, tem uma perna só e usa um gorro vermelho. Complete a imagem desenhando o gorro do saci e faça um belo colorido.

Independência do Brasil

7 de setembro

Caio contou aos colegas que assistira ao desfile de 7 de setembro com seus pais.

François-René Moreaux. *A proclamação da Independência*, 1844. Óleo sobre tela, 2,44 m × 3,08 m.

Museu Imperial, Petrópolis.

Dona Márcia falou que essa data é muito importante para os brasileiros.
Ela aproveitou o entusiasmo da turma para dizer que foi em 7 de setembro de 1822 que D. Pedro I proclamou a Independência do Brasil.
A partir daquele dia, nosso país deixou de ser colônia de Portugal. Isso quer dizer que o rei de Portugal não mandava mais no Brasil.

Atividade

1 Circule a resposta certa.

a) Quem nasce no Brasil é:
- carioca.
- brasileiro.
- baiano.

b) Em 7 de setembro comemoramos:
- a independência do Brasil.
- o descobrimento do Brasil.

História e Geografia

Dia da Criança
12 de outubro

Caio e sua irmã acordaram cedo. Era Dia da Criança, e eles queriam comemorar.

Caio ganhou dos pais um jogo de montar, e dos avós, um carro de bombeiro.

Seu pai lembrou que o maior presente que as crianças podem ganhar nesse dia é uma família que lhes dê segurança, amor, carinho e educação.

Vamos cantar
É bom ser criança

É bom ser criança,
Ter de todos atenção.
Da mamãe carinho,
Do papai a proteção.
[...]

Toquinho e Elifas Andreato. *Canção de todas as crianças*. BMG Music.

Vamos brincar

1 Um presente para você! Destaque a página, cole este **jogo da memória** em papel-cartão ou cartolina e recorte as peças. Depois, junte-se a um colega e brinquem!

História e Geografia

Dia da Bandeira
19 de novembro

Na escola de Caio houve uma homenagem ao Dia da Bandeira. Caio aprendeu que a Bandeira Nacional é um símbolo da pátria. Ela tem as cores: verde, amarela, azul e branca.

Atividades

1) Pinte cada quadro com uma cor da bandeira do Brasil.

2) Circule a bandeira brasileira.

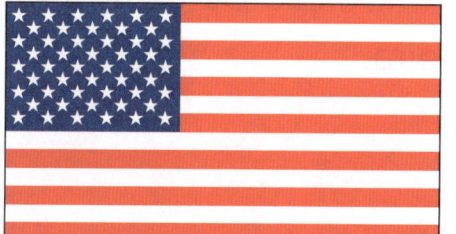

História e Geografia

Dia da Consciência Negra
20 de novembro

Em 20 de novembro comemoramos o Dia da Consciência Negra. Nesse dia, homenageamos um grande líder afrodescendente que morreu lutando contra a escravidão no Brasil: Zumbi dos Palmares. Caio aprendeu que essa data serve para nos conscientizarmos da importância do povo africano na formação da cultura brasileira e refletirmos sobre isso.

Antônio Parreiras. *Zumbi*, 1927. Óleo sobre tela, 115,5 cm × 87,4 cm.

Atividades

1 Faça uma pesquisa para responder às questões a seguir.

a) O que significa quilombo?

b) Qual quilombo foi liderado por Zumbi?

2 Escreva uma contribuição da cultura africana na formação da cultura brasileira.

Natal
25 de dezembro

Dona Juliana e Caio montaram o presépio, pois o Natal estava se aproximando.
Ela explicou que nessa data os cristãos comemoram o aniversário de Jesus Cristo, que nasceu em 25 de dezembro.

Atividades

1. Encontre no diagrama o nome do menino que nasceu em 25 de dezembro.

A	V	Q	R	I	T	A	M
U	I	S	A	M	N	O	P
H	V	J	E	S	U	S	U
Y	W	A	T	I	G	X	A
M	O	S	T	R	H	P	U

História e Geografia

2 Encontre o caminho que os Três Reis Magos devem seguir para levar os presentes a Jesus.

3 Na escola de Caio foi armada uma bela árvore de Natal. Pinte-a para deixá-la bem bonita.

História e Geografia

Ciências

Natureza

No feriado, Caio acampou com os pais e a irmã.
Eles gostam muito de ficar em contato com a natureza.

Caio sabe que o Sol, a Lua, as estrelas, a água, o ar, as plantas e os animais fazem parte da natureza.

Atividade

1. Recite a parlenda. Depois, desenhe no quadro os dois elementos citados nela que fazem parte da natureza.

Sol e chuva
Casamento de viúva!
Chuva e Sol
Casamento do espanhol!

Parlenda.

Seres vivos e elementos não vivos

Na escola, na hora da novidade, Caio contou sobre o acampamento que fizera com os pais e a irmã e sobre tudo o que observou na natureza.

A professora aproveitou o assunto e entregou gravuras de seres da natureza para a turma separar em seres vivos e elementos não vivos.

Veja os cartazes que eles fizeram.

Seres vivos

Elementos não vivos

Atividade

1 Observe a cena, pinte os seres vivos e faça um **X** nos elementos não vivos.

Água

Depois do feriado, quando Caio e os colegas retornaram à escola, observaram que a plantinha que fica em cima da mesa da professora estava murcha.
A professora, então, regou a plantinha. Ao término da aula a planta estava viçosa novamente.
A água é um elemento importante para a vida de todos os seres vivos.
Podemos encontrar água em vários lugares, como: mares, lagos, poços, rios, ar, solo, em nosso corpo e em outros seres vivos.

Atividade

1. Desenhe ao lado a plantinha depois de regada.

Ciências

Utilidades da água

Atividades

1 Circule a imagem que mostra como a água chega em sua casa.

a)

b)

2 Pinte os quadros que contêm as características que a água deve ter para ser consumida pelos seres humanos.

sem cor	cheirosa	turva
sem sabor	sabor limão	sem cheiro

342 Ciências

3 Escreva qual é a utilidade da água em cada cena. Utilize as palavras do quadro.

beber – navegar – cozinhar – banhar-se – lazer – limpar

a) _____

b) _____

c) _____

d) _____

e) _____

f) _____

Ar

No domingo, Caio reuniu alguns colegas para brincarem de bola. Veja o que aconteceu.

A bola furou e o ar que estava dentro dela saiu. Então ela ficou murcha.
O ar está em toda parte da natureza, e os seres vivos precisam dele para viver.
O ar não tem cor, cheiro, gosto e não pode ser visto quando é puro.
Ele não tem vida, mas sempre se movimenta.
O movimento do ar é chamado de vento.

Atividades

1. Observe a cena e converse com os colegas sobre o que Caio está fazendo para formar as bolhas de sabão.

2 Responda: Como se chama o ar em movimento?

_____

3 Circule a cena em que o ar está em movimento.

4 Observe a cena e faça um **X** nos elementos que não precisam de ar para viver.

Ciências

Plantas

Caio foi com a família visitar seus avós. O quintal da casa deles é grande, e dona Lia estava cuidando das plantas. Caio comentou sobre algumas plantas estarem mortas. Dona Lia explicou que a morte faz parte do ciclo de vida dos seres vivos. Eles nascem, crescem, podem se reproduzir e morrem.

Dona Lia também explicou ao neto que as plantas são chamadas de vegetais e que, para nascer e se desenvolver, precisam de terra fofa e fértil, água, ar e luz do Sol.

Atividade

1 Observe as imagens. Depois, ligue-as ao nome correto das etapas da vida de uma planta.

- reprodução
- morte
- nascimento
- crescimento

Partes de uma planta

Caio viu uma planta, com uma bela flor, instalada no tronco de outra planta, com raízes aparecendo. Dona Lia disse que as plantas não são todas iguais e mostrou outras plantas a ele.

Agora Caio já sabe que uma planta completa tem cinco partes: raiz – caule – folha – flor – fruto.

Atividades

1. Pesquise três plantas compostas de raiz, caule, folha, flor e fruto e escreva o nome delas.

2 Desenhe a parte da planta correspondente a cada legenda.

Participa dos processos de respiração e transpiração da planta e de produção de alimentos.

Fixa a planta no solo, retirando dele a água e os nutrientes necessários para a sobrevivência.

É responsável pela reprodução da planta.

Guarda a semente, que dá origem a uma nova planta.

Sustenta folhas, flores e frutos.

Vamos cantar

Alecrim
Alecrim dourado
Que nasceu no campo
Sem ser semeado.

Foi meu amor
Que me disse assim
Que a flor do campo
Era o alecrim!

Cantiga.

Ciências 349

Plantas de horta, pomar e jardim

Seu Juca, o avô de Caio, levou-o para a parte do quintal de que mais gosta, uma pequena horta onde ele planta tomate, cenoura, alface e cebolinha.

Depois, seu Juca levou Caio para ver o pomar e colher pitangas para o suco do almoço. No pomar há uma mangueira, um jambeiro, alguns coqueiros e uma pitangueira carregada de frutas maduras.

Veja as frutas do pomar do avô de Caio.

Mangas.

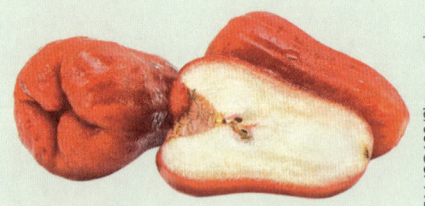

Jambos.

Cocos.

Pitangas.

Caio e o avô saíram do pomar e foram ver dona Lia colher lindas flores do jardim.

Atividades

1 Circule os alimentos que você já comeu.

a) Quais destas flores?

b) Quais destas folhas?

Ciências

2 Faça um **X** nos legumes.

3 A avó de Caio fez para o almoço uma salada com raízes. Nas imagens a seguir, circule somente as raízes.

4 Para a sobremesa, dona Lia preparou uma salada de frutas. Circule as frutas de que você gosta.

Plantas e suas utilidades

Dona Lia disse a Caio que as plantas são muito importantes para nosso planeta, a Terra. Explicou que elas liberam oxigênio no ar que respiramos e têm muitas outras utilidades.

Atividade

1 Ligue cada planta ao produto que dela se originou.

Ciências 353

Animais

Caio foi pela primeira vez ao zoológico com sua família e ficou encantado com os diversos tipos de animais que viu ali. Sua família tirou lindas fotografias durante o passeio.

Tigre.

Urso.

Camelo.

Zebra.

No dia seguinte, Caio levou as fotografias para a escola e as mostrou aos colegas e à professora.
O filhote de gorila despertou o interesse da turma.

Avestruz.

Leão.

Gorila.

Dona Márcia explicou que os animais são seres vivos e que a reprodução faz parte do ciclo de vida deles.
Os animais nascem, crescem, podem se reproduzir e morrem.

Ciências 355

Como os animais nascem

Caio se lembrou que no cercado das zebras havia um filhote mamando. Dona Márcia explicou que alguns animais são gerados na barriga da mãe e se alimentam de leite...

Zebra.

Ser humano.

Outros nascem de ovos...

Pintinho.

Peixe.

Atividades

1. Pinte os animais que nascem de ovos e circule os que são gerados na barriga da mãe.

356 **Ciências**

2 Escreva a qual etapa do ciclo de vida dos animais corresponde cada imagem. Utilize as palavras do quadro.

pode se reproduzir – cresce – morre – nasce

3 Ligue o animal ao som que ele produz.

miau

cocorocó

muuu

au-au

Ciências 357

Como pode ser o corpo dos animais

Caio quis saber mais informações sobre os animais e viu que eles podem ter o corpo coberto por:

- penas;

Pavão.

Tucano.

Ema.

Coruja.

Ganso.

- placas duras;

Jabuti.

Jacaré.

- pelos;

Gato.  Chimpanzé.

Esquilo.  Cabra.

- escamas;

Peixe.  Cobra.

- pele lisa.

Sapo.  Rã.  Salamandra.

Ciências 359

Atividades

1 Pesquise, em jornais e revistas, imagens de animais que têm a característica pedida e cole-as no lugar indicado do quadro.

Pelos	Penas

2 Numere a segunda coluna de acordo com a primeira.

1 pele lisa

2 placas

3 escamas

☐ jabuti

☐ peixe

☐ rã

☐ jacaré

☐ cobra

360 Ciências

Animais domesticados

Caio ganhou de seus pais um animal de estimação, um filhote de cachorro. Eles explicaram a Caio que é preciso cuidar do bichinho com responsabilidade.

Atividade

1. Marque um **X** nas imagens que indicam o que é correto fazer com um animal de estimação.

Ciências 361

Animais silvestres

Dona Márcia mostrou à turma imagens de outros animais: leão, girafa, cobra, zebra, urso, elefante etc.
Ela perguntou aos alunos se esses animais podem viver próximo das pessoas. A turma respondeu que **não**!

Leão.

Zebra.

Girafa.

Urso.

Cobra.

Elefante.

A professora informou que esses animais são chamados de animais silvestres. Eles vivem em matas, savanas e florestas. Nas cidades podem ser encontrados somente em zoológicos.

Atividade

1 Classifique os animais a seguir. Utilize as palavras do quadro.

domesticado – silvestre

a) _____

b) _____

c) _____

d) _____

e) _____

f) _____

Ciências

Animais úteis

Ainda sobre os animais, dona Márcia mostrou a fotografia de uma vaca. Ela perguntou à turma como a vaca pode ajudar os seres humanos.

Foi um alvoroço, pois todos queriam falar. Os alunos disseram que a vaca pode nos oferecer leite.

Então, a professora disse que muitos animais são úteis às pessoas: na alimentação, no vestuário, no transporte, nas plantações etc. Ela mostrou um álbum com fotografias de animais e como eles podem nos ajudar.

Vaca

Abelha

Ovelha

Cachorro

Atividades

1 Pinte os produtos que a galinha pode nos fornecer.

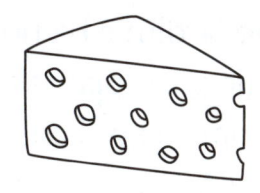

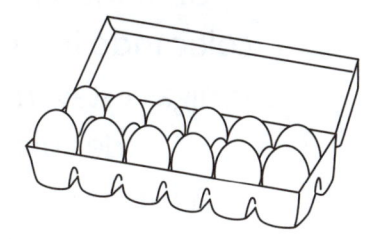

2 Qual animal pode nos fornecer mel? Circule-o.

3 Pinte os espaços em que aparecem pontinhos e descubra um animal que come os insetos que devoram as plantações. Depois, escreva o nome dele.

Animais que podem nos prejudicar

Caio pediu licença à professora para ir ao banheiro. No caminho, ele notou que o jardineiro, seu Pedro, estava colocando inseticida no jardim e na horta da escola, pois as formigas estavam destruindo as plantas. Quando voltou à sala de aula, Caio contou aos colegas o que viu.

A turma entusiasmou-se com o fato; alguns alunos até se preocuparam em saber se o inseticida usado poderia prejudicar os legumes e as verduras.

Para evitar discussões, dona Márcia levou a turma até lá.

Seu Pedro explicou aos alunos que o tipo de inseticida que ele usa não prejudica as plantas. E disse que esses produtos são necessários para eliminar animais que podem nos prejudicar transmitindo doenças e destruindo plantações. Alguns deles podem até matar.

Atividades

1 Além das formigas, outros animais podem destruir as plantas. Encontre o nome deles no diagrama e escreva cada um abaixo da imagem correspondente.

P	B	U	M	A	I	R	A	C
G	A	F	A	N	H	O	T	O
T	D	U	R	R	U	T	I	R
O	B	K	N	W	N	A	P	A
R	O	R	W	E	L	L	M	C
A	G	L	A	G	A	R	T	A
T	R	T	O	T	S	K	Y	K

2 Pinte os animais cuja picada venenosa pode matar.

Ciências 367

Mamíferos, aves, peixes, répteis e anfíbios

Em suas pesquisas, Caio observou que muitos animais têm características semelhantes.

Dona Márcia explicou que podemos classificar os animais em mamíferos, aves, peixes, répteis e anfíbios.

A turma se reuniu e fez os cartazes a seguir.

Mamíferos

- Alimentam-se de leite materno quando filhotes.
- Geralmente têm o corpo coberto de pelos.
- São gerados na barriga da mãe.

Aves

- Têm bico e duas asas.
- O corpo é coberto de penas.
- Nascem de ovos.

Peixes

- Vivem na água.
- Em geral, têm o corpo coberto de escamas.
- Respiram por brânquias ou guelras.

Répteis

- Têm o corpo coberto por carapaça ou placas de escamas.
- Nascem de ovos.
- Respiram por meio de pulmões.

Anfíbios

- Geralmente têm pele lisa, úmida e escorregadia.
- Quase todos põem ovos.
- Ao nascer, a maioria deles vive na água; depois de adultos, passam a viver na terra, em lugares úmidos.

Ciências

Atividade

1 Ligue cada animal à sua classificação.

anfíbio

peixe

réptil

mamífero

ave

Astros

Faltou energia no bairro onde Caio mora. Ele ficou na janela observando o céu; era noite de Lua cheia. Como estava escuro ele pôde contemplar o céu estrelado.
Caio chamou a mãe para ver como o céu estava bonito. Dona Juliana explicou que a Lua, as estrelas e o Sol são corpos celestes, isto é, corpos que vemos no céu.

Atividades

1) O dia estava claro e quente. A menina ia caminhando para a escola e olhou para o céu. O que ela viu que torna o dia assim? Faça um desenho para completar a cena.

2) Ordene as letras e escreva o nome dos astros que podemos ver no céu.

RTELASSE    OLS    UAL

_____   _____   _____

Ciências

Variação do tempo

No dia seguinte, quando Caio acordou, viu pela janela que o céu estava nublado. Logo depois começou a chover. Ele pegou um guarda-chuva para ir à escola.

No fim da tarde, quando Caio retornou para casa, não chovia mais, porém o céu continuava nublado.

Atividades

1 Observe as imagens e escreva a condição do tempo que cada uma representa. Use as palavras do quadro.

nublado – chuvoso – ensolarado

a) _____ b) _____ c) _____

2 Qual é a condição do tempo agora no local em que você está? Escreva.

_____

Vamos ouvir

Santa Clara clareou
São Domingos alumiou
Vai chuva, vem Sol
Enxugar meu lençol.

Parlenda.

- Ao lado da parlenda faça um desenho que represente o tempo como ele está agora.

Ciências

Estações do ano

Caio observou que os dias estão mais quentes e os jardins, mais floridos. Por que será? Ele perguntou à dona Márcia. Ela explicou que isso acontece por causa da inclinação da Terra em relação ao movimento que ela faz ao redor do Sol. Esse movimento, de **translação**, resulta nas quatro estações do ano: **primavera**, **verão**, **outono** e **inverno**.

Primavera – estação das flores. A principal característica é o desabrochar de muitas flores.

Verão – estação do calor. Os dias são mais quentes e longos.

Outono – estação dos frutos. As folhas das árvores secam e caem. É nessa estação que acontece a colheita de diversos frutos.

Inverno – estação do frio. Os dias são mais frios e curtos.

Atividades

1 Faça um **/** na imagem que representa o movimento de translação da Terra.

a)

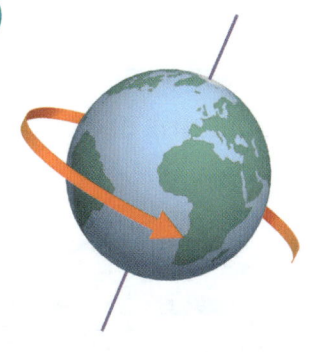

b)

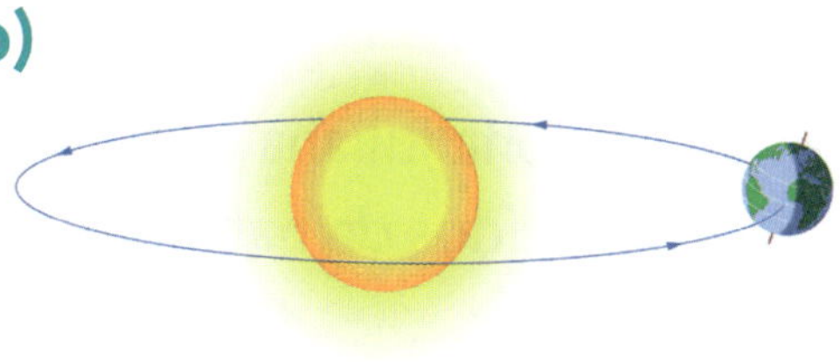

2 Observe as cenas e escreva, abaixo delas, o nome das estações do ano que corresponde a elas.

a) _____

c) _____

b) _____

d) _____

Ciências 375

Minerais

Dona Juliana chamou Caio e sua irmã para ajudá-la a fazer pão. Caio perguntou o que é sal. Ele quis saber se o sal é um produto de origem animal ou vegetal.

Dona Juliana explicou a ele que o sal e a água são minerais extraídos da natureza e não têm vida. Ela deu alguns exemplos de minerais:

Ouro.

Água.

Areia.

Pedras preciosas.

Sal.

Pedras e rochas.

Atividades

1 Pinte o quadrinho da via feita de material de origem mineral.

2 Encontre no diagrama o nome do mineral do qual a gasolina deriva.

A	V	K	C	O	S	X	L
P	E	T	R	Ó	L	E	O
H	A	X	I	W	J	U	R
R	U	T	S	Á	G	K	S

Adivinha

O que é, o que é?
Na água nasci,
Na água me criei,
Mas se me jogarem na água,
Morrerei!

Adivinha.

Ciências 377

Corpo humano

Caio e os colegas adoram jogar futebol no recreio da escola. Hoje Caio fez um gol de cabeça.
Dona Márcia explicou que o corpo dos adultos, dos jovens e das crianças são parecidos entre si.

As partes de nosso corpo

Dona Márcia mostrou um cartaz com a representação do corpo humano e suas partes.

- cabeça
- membros superiores
- tronco
- membros inferiores

378 Ciências

Atividades

1 Encontre no diagrama o nome das partes do corpo humano.

C	B	D	E	F	L	C	O	V	U
A	Q	I	U	T	R	O	N	C	O
B	L	T	O	M	K	S	L	A	V
E	H	U	V	R	B	N	T	E	A
Ç	W	M	E	M	B	R	O	S	T
A	I	B	V	L	M	L	B	E	O

2 Observe a imagem. Indique com setas as partes do corpo humano e escreva corretamente o nome delas.

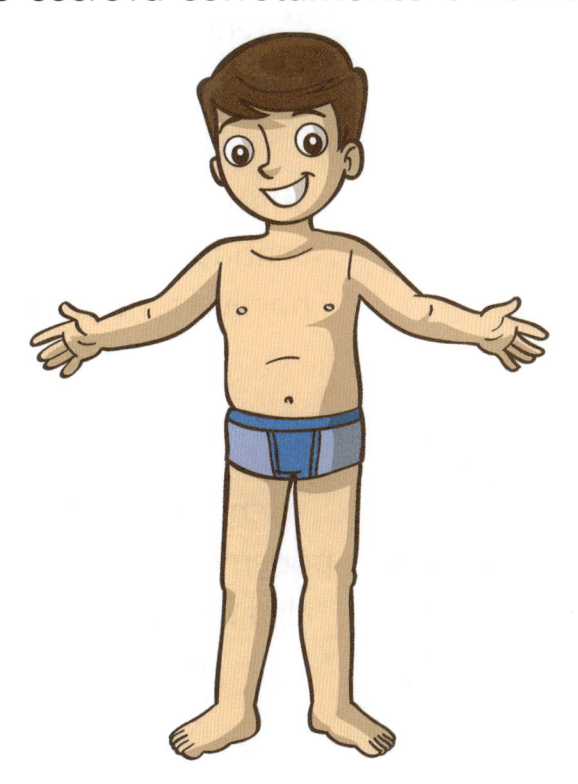

Ciências

Sentidos

Por meio de nossos sentidos podemos perceber o que acontece ao redor.

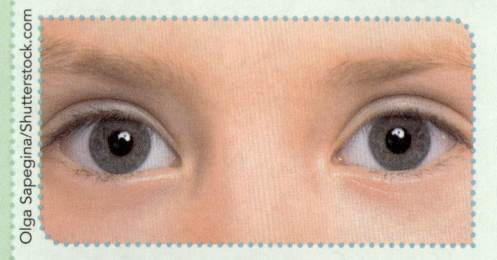

Visão – Os olhos são os órgãos do sentido da visão. Com eles podemos ver plantas, animais, objetos, cores etc.

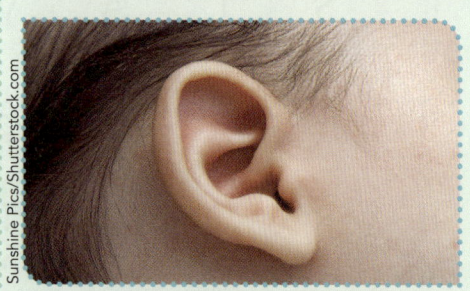

Audição – As orelhas são os órgãos do sentido da audição. Com elas podemos ouvir músicas, palavras, sons da natureza etc.

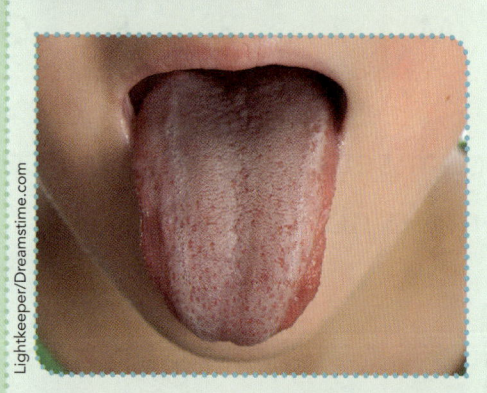

Gustação – A língua é o órgão do sentido da gustação. Com ela percebemos o sabor dos alimentos e podemos diferenciá-los, ou seja, saber se são doces, azedos, amargos ou salgados.

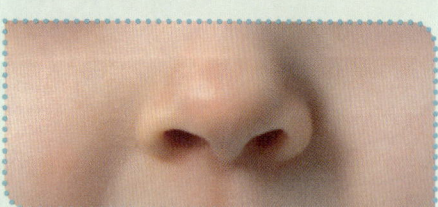

Olfato – O nariz é o órgão do sentido do olfato. Com ele é possível sentir e distinguir os cheiros.

Tato – A pele é o órgão do sentido do tato. Com ela podemos sentir se tocamos em algo frio, quente, duro, mole, liso, áspero etc.

Atividades

1 Circule o nome do sentido que Caio está usando em cada cena. Depois, faça um desenho para representar o órgão do sentido que você identificou.

	visão / olfato / tato / gustação / audição	
	gustação / olfato / tato / audição / visão	
	visão / olfato / tato / gustação / audição	

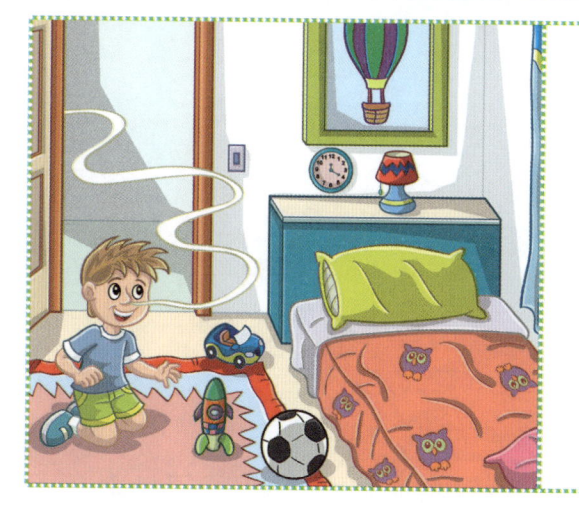

Ciências

audição

visão

tato

gustação

olfato

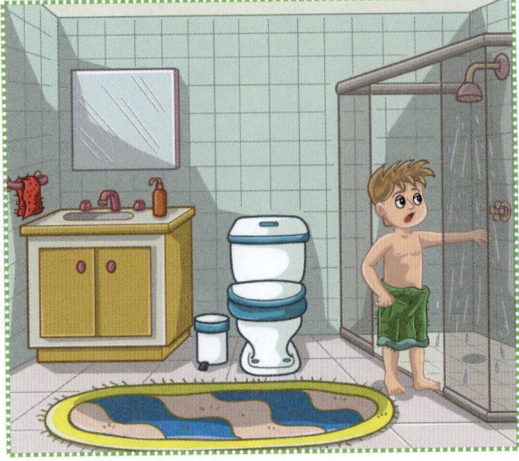

visão

olfato

tato

gustação

audição

2) Escreva corretamente o nome de cada órgão do sentido.

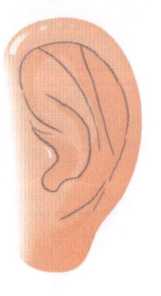

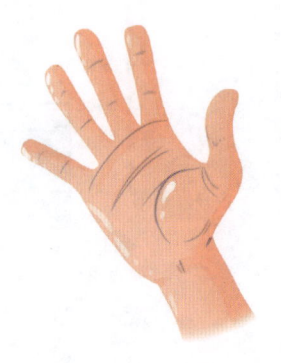

Hábitos de higiene

Dona Juliana ensinou a Caio que, para ter saúde, é preciso também adotar bons hábitos de higiene.

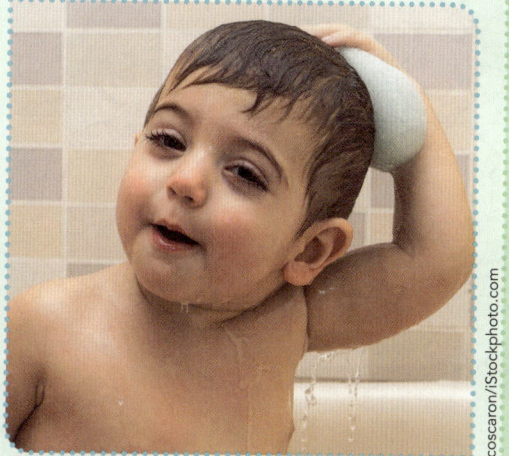

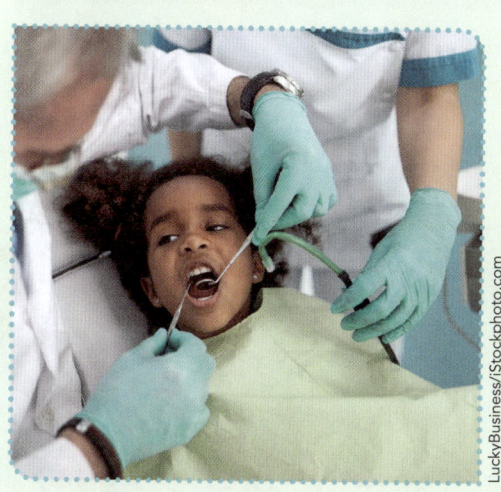

Ciências 383

Atividade

1 Faça uma **+** nas cenas que demonstram hábitos de higiene.

384 Ciências